AF389267

MÉMOIRE

SERVANT DE RÉPONSE,

POUR Me. JEAN-FRANÇOIS HENNEQUIN, Avocat au Parlement de Nancy, demeurant en ladite Ville, Demandeur au Principal & incidemment, *agissant en qualité d'aîné des Enfans de feu Dame Marie-Marguerite de Bourgongne sa Mère, & à la représentation de cette dernière, aînée de sa famille; habile à se dire & porter héritier pour un quart, conjointement avec ses autres Frères & Sœurs, en la succession de feu le Sieur François-Dominique de Bourgongne, son Ayeul maternel.*

CONTRE

Me. CHARLES-FRANÇOIS DE BOURGONGNE, Écuyer, aussi Avocat à la Cour, Doïen de la Chambre Royale des Consultations, demeurant au faubourg S. Pierre de ladite Ville, son Oncle maternel, Défendeur au Principal & incidemment.

M^E. de Bourgongne vient de donner au public un Mémoire, dans lequel il commence par refuser à son Neveu la qualité d'Avocat qui lui est acquise depuis 1766.

Il travaille ensuite à faire son apologie & à prévenir les esprits contre fon Neveu ; feroit-ce pour montrer, comme il l'a dit, » *que* » *jamais caufe ne fut auffi mauvaife que la fienne ?* « Si l'on parcourt ce Mémoire il fera facile d'appliquer cette conféquence à notre Adverfaire.

Il croit » *qu'ayant laiffé paffer plufieurs années fans en venir à* » *des pourfuites contre lui,* « & n'ayant pas fait dénommer les autres cohéritiers dans les qualités de la demande que j'ai formée, *comme aîné de ma famille,* pour parvenir à la remife des titres, à l'effet de procéder au partage des Biens-fonds *qui exiftent encore,* & qui dépendent de la fucceffion de mon Ayeul ; il croit, dis-je, » *que les premières réflexions qui fe préfentent naturellement dans* » *cette affaire, doivent faire penfer que les autres cohéritiers font* » *perfuadés qu'ils n'ont pas la moindre chofe à répéter.*

Il dit donc : » *Que quoique la fucceffion fût ouverte depuis neuf* » *ans, je n'ai rien répété jufqu'à ce moment, & que c'eft un fort pré-* » *jugé contre moi.* « Il ne fe fouvient pas, fans doute, que c'eft après avoir épuifé toutes les voyes de conciliation propofées inutilement, *depuis l'ouverture de cette fucceffion,* & fur la réponfe qu'il fit, pour dernier mot, *qu'il vouloit avoir Arrêt ;* j'ai été forcé de prendre la voie judiciaire pour obtenir de la juftice & de l'équité de la Cour, la portion qu'il refufe à fes Neveux dans cette fucceffion.

Il ne peut ignorer que des raifons particulières & les égards qu'on fe doit en famille, avoient empêché ces Neveux d'agir. Ils avoient encore été retenus par le refpect qu'ils ont voué à cet Oncle ; mais fes procédés peu honnêtes, le mépris qu'il a montré dans tous les temps pour les Enfans de fa Sœur aînée, & le refus d'écouter leurs juftes réclamations, ont déterminé mes pourfuites, que je n'ai commencé qu'avec peine, & je puis dire y avoir été forcé comme aîné de ma famille.

Je fuis encore obligé, malgré moi, de rendre publiques bien des chofes que j'aurois voulu ne montrer qu'à la Juftice, dans les écritures que j'ai fourni, pour remplir l'appointement prononcé

3

entre nous aux Requêtes du Palais, le 9 Mars 1785 ; mais il m'a
mis dans la néceffité de répondre à cet Imprimé, pour dévoiler les
fuppofitions qui y font contenues.

Quoique, fuivant Mᵉ. de Bourgongne, » *il ait toujours paffé*
» *pour un homme honnête ; qu'ayant vieilli avec diftinction dans*
» *la profeffion d'Avocat, il doive entendre les affaires, & quoique* Mêmes pag. 3 & 4.
» *par fa fortune, (qui eft confidérable) il doive être naturellement*
» *au-deffus des baffeffes de l'intérêt,* » ce font fes termes ; cependant on ne pourra guère fe défendre de penfer qu'il a voulu dépouiller fa famille du plus beau Bien qui lui reftoit, confiftant en un
Gagnage de la valeur de plus *de trente mille livres,* fitué au finage
d'Auzainvilliers près Bulgnéville, après avoir occafionné en 1737,
(environ deux années après fon mariage) la vente de moitié d'un
autre Gagnage de *vingt-deux paires,* fitué au Village de Sartes,
pour acquitter les dettes auxquelles il avoit donné lieu perfonnellement, tant pour une partie de fa dot, que pour payer les dépenfes
qu'il avoit occafionnées pour fon éducation. Enfin il a abforbé ce
qui reftoit de ce Gagnage, par la vente qu'il en fit faire, *fous fon*
cautionnement, en Décembre 1750, après avoir fait révoquer en
Juillet 1749 une donation entre-vifs faite par le Père & Ayeul commun, en faveur de fes trois autres Enfans, par Acte du 7 Avril 1736,
afin de les rendre égaux avec leur Frère, qui venoit d'être marié
avec pareil avantage, au mois de Janvier de la même année. Cet
Acte avoit encore eu pour motif celui d'entretenir la paix & l'union
dans cette famille, *par l'égalité ;* ce font les termes de cette donation.

Notre Adverfaire n'en a pas penfé ainfi, car il avoue dans fes premières écritures qu'il n'a fait faire cette révocation de donation que
pour mettre fon Père mieux en fituation de vendre ce qui lui reftoit
de fes Biens-fonds ; & de fon côté il foutient la validité de fa donation à caufe de nôces, portée en l'article 3ᵉ. de fon Contrat de
Mariage du 30 Janvier 1736, *quoiqu'elle n'ait pas été infinuée.* Voilà

4

comme il a voulu entretenir la paix & l'union dans fa famille par l'é-
galité.

Dans l'exorde de cet Imprimé notre Adverfaire a découfu quelqu'öbfervations que j'ai faites contre lui par mes écritures, il a déna-
turé la plus grande partie des faits, il en a pallié d'autres qui lui
étoient contraires, enfin il a tâché de fe préfenter fous l'afpeęt le
plus favorable ; j'efpère cependant, *d'après fes propres pièces*, obtenir de la force de la vérité & de l'équité de mes Juges la reftitu-
tion de ce qui nous eft légitimement dû.

Au furplus, il ne fera pas difficile de déprévenir le public impar-
tial, des imputations calomnieufes répandues dans cet Imprimé. Je
n'imiterai pas notre Adverfaire, & je ferai au moins plus modéré à
tous égards, fi je ne fuis pas auffi éloquent.

Je fuivrai exaętement les époques dans la déduętion des faits ; je
ferai cependant obligé, contrairement à l'ufage, d'établir en même
temps quelqu'üns de mes moyens rélatifs à ces faits, pour imiter le
plan qu'a fuivi notre Partie adverfe dans fon Mémoire, auquel je
tâcherai de répondre exaętement & à chaque page, pour détruire
plus facilement fes foibles allégations.

F A I T S.

J'obferverai en premier lieu, que du Mariage du Sr. François-
Dominique de Bourgongne, Père & Ayeul commun, avec Dame
Anne-Marie Renauld, fa premiere Epoufe, font iffus quatre Enfans.

La Dame Marie-Margueritte de Bourgongne ma Mère, étoit
l'aînée de fa famille ; elle étoit née en 1709, & au décès de fa Mère,
arrivé en 1722, elle étoit feulement âgée de treize ans.

Me. Charles-François de Bourgongne, notre Adverfaire, étoit
alors âgé de huit ans, étant né au mois d'Avril 1714.

M. Jean-Antoine de Bourgongne, Écuyer, ancien Capitaine au
Service de S. M. I. demeurant aętuellement en Hongrie, étoit âgé
de quatre ans, étant né en 1718.

Enfin , la Dlle. Jeanne-Théréfe de Bourgongne, qui vient de dé-céder le vingt-quatre Août dernier, n'étoit âgée que de deux ans, étant née en 1720. Celà eft conftaté par un Traité de nourriture du 4 Juillet 1722 , dont l'expédition eft produite au procès, pièce 4e. du doffier cotté *A*.

ma Mère fut mariée au mois de Septembre 1730, avec M^e. Jofeph-François Hennequin, Tabellion-Garde-notes-général , de-meurant à Neufchâteau. Cette alliance étoit affez fortable; mon Père étoit Fils unique & avoit du Bien ; il étoit iffu d'une ancienne famille noble de Lorraine, du côté paternel ; fon Beau-père avoit dérogé à fa nobleffe , en s'adonnant au commerce du vivant de fa première Époufe; *il étoit Marchand de Drap.*

Par le Contrat de mariage de mes Père & Mère paffé le 24 Septembre 1730, il ne fût promis par le Père de l'Époufe, que *l'ufufruit de quatre paires de refaux par année , avec un lit & une armoire, bois de noyer.* La copie de cet Acte eft jointe aux pièces.

M^e. de Bourgongne, Avocat, étoit l'aîné des Fils ; il attira toute l'attention de M. fon Père, & fon éducation fût foignée.

30 Janv. 1736.

Le 30 Janvier 1736, il époufa Demoifelle Barbe Bexon, Fille d'un Notaire de Saint-Nicolas, qui lui apporta une dot affez confidérable dans ce temps.

Il y eut Contrat de mariage paffé entre les Parties ledit jour. L'article 3e. porte » qu'en faveur dudit mariage, le Père du futur » Époux l'habillera, meublera, lui fournira fa bibliothéque; & lui » promet & affure *le quart* de fes meubles & immeubles, defquels » il lui fait donation *pour en jouir après fa mort feulement;* fauf » les autres droits fucceffifs du futur Époux, au cas que quel-» qu'uns de fes Frères viennent à décéder fans hoirs

Contrat de Ma-
riage de Me. de
Bourgongne.

Il eft à remarquer que pour remplir la première partie de cette claufe du Contrat de mariage concernant les habits , les meubles & les livres de la bibliothéque, *le Père de l'Époux contracta dif-*

N^{us}.

férentes dettes qui font détaillées dans un Acte tutélaire du 17 Décembre 1737, environ deux ans après ce mariage.

La réferve d'ufufruit portée en cette donation à caufe de nôces, rendoit l'Acte fujet à l'infinuation dans les délais portés par l'Édit du 13 Décembre 1718. J'avois demandé à notre Adverfaire la repréfentation de la groffe de fon Contrat de mariage, par actes des 18, & 21 Fév. 1785, *afin de connoître fi elle avoit été infinuée ;* & fur le refus fait de la communiquer, j'avois conclu à l'Audience du 9 Mars fuivant, à ce que l'Adverfaire fut déclaré déchu de tous droits à cet égard ; il a donc été forcé de comprendre cette groffe dans la production qu'il a faite de fes autres piéces, pour fatisfaire à l'appointement, avec fes écritures du 15 Novembre dite année 1785.

Moyens contre la donation à caufe de nôces.

On voit par la repréfentation de cette piéce, que notre Adverfaire avoit caché jufqu'alors ; qu'il s'eft contenté de faire annoter fur cette groffe, qu'elle avoit été *enrégiftrée* au Bailliage de Neufchâteau le 10 Avril, & en la Prévôté de Bulgnéville le 2 Mai 1736, fuivant les certificats des Greffiers mis au bas de cette même groffe.

Il n'a pas produit *les requêtes* qui devoient avoir été préfentées à ces Tribunaux pour permettre ces enrégiftremens, enfuite de la lecture & publication qui devoient être faites de cette donation à l'Audience des mêmes Siéges, d'après les conclufions des Parties publiques.

Il n'a pas également repréfenté jufqu'à préfent les expéditions ou copies *des Sentences* qui avoient donné Acte de ces lecture & publication, & qui avoient ordonné l'enrégiftrement de cette donation à caufe de nôces, aux Greffes de ces Jurifdictions, pour y avoir recours le cas échéant. La repréfentation de ces piéces étoit cependant encore néceffaire pour faire connoître que toutes les formalités voulues par l'Édit avoient été fcrupuleufement remplies pour valider cette donation, *à raifon des Biens fitués fous le reffort de la Prévôté de Bulgnéville.*

L'Adverſaire n'a pas jugé à propos, ou plutôt n'a pu faire la repréſentation de ces piéces eſſentielles, quoiqu'il en ait encore été interpellé par les écritures que j'ai fournies contre lui au mois de Janvier de la préſente année 1786, & il n'a pu les comprendre dans la ſingulière production nouvelle qu'il a faite le 4 Mars ſuivant; la raiſon en eſt ſans doute, que ces Actes n'exiſtent pas.

Il y a plus encore, c'eſt que ce Contrat de mariage n'a pas même été *enrégiſtré au Greffe de la Haute Juſtice de Pontpierre*, d'où dépend le Village *de Sartes*, ſur le territoire duquel étoit ſitué un Gagnage de *vingt-deux paires*, qui, avec un autre Gagnage du foible rapport de *vingt paires*, ſitué à Auzainvilliers, dépendant de la Prévôté de Bulgnéville, compoſoient tous les Biens-immeubles ſur leſquels devoit porter cette même donation à cauſe de nôces, *faite ſous rétention d'uſufruit*.

Toutes ces formalités n'ayant pas été obſervées, il s'enſuit que cet Acte ne peut produire d'effet en faveur du Donataire.

Je donnerai dans un inſtant les moyens dont notre Adverſaire s'eſt ſervi *pour ne point ſouffrir du défaut d'inſinuation*, & pour s'approprier le plus beau Bien de la famille ſans qu'il lui en ait couté un ſol & *ſans bourſe délier*, comme l'on dit trivialement; mais avant d'entrer dans ce détail, il faut ſuivre les faits antérieurs.

Et à cet effet j'obſerverai que M. de Bourgongne, Père & Ayeul commun, ayant réfléchi mûrement à ce qu'il avoit fait en faveur *de l'aîné de ſes Fils*; conſidérant d'ailleurs le peu d'avantage qu'il avoit accordé à la *Dame Hennequin*, *ſa Fille ainée*, par ſon Contrat de mariage, en comparaiſon de ce qu'il venoit de ſtipuler au profit de Mᵉ. de Bourgogne, il forma la réſolution *de prévenir les difficultés qui pourroient naître à ce ſujet*; en ſorte que trois mois après le mariage de ce dernier, qui, comme on l'a vû, fut contracté au mois de Janvier 1736, ce Père équitable ſe tranſporta chez un Notaire à Neufchâteau, où il fit aſſembler ſa famille, le 7 Avril dite année 1736, & y fit une donation entre-vifs à ſes trois autres Enfans de chacun un quart dans ſes Biens, tant meubles qu'immeubles.

Cet Acte eſt conçu en ces termes : » M. François-Dominique » de Bourgongne déclaré *que pour rendre ſes trois autres Enfans* » *égaux* avec le Sʳ. de Bourgongne ſon Fils marié, il leur don- » noit par donation entre-vifs & irrévocable, en forme de partage, » à chacun le quart, 1°. D'un gagnage ſitué à Sartes, du rap- » port de *vingt-deux paires* de reſaux, meſure de Nancy. 2°. Le » quart d'un autre gagnage ſitué à Auzainvilliers, près Bulgnéville, » du rapport de *vingt paires*, ce qui forme quarante-deux paires » en tout, & le quart dans les Biens-meubles que ledit Sʳ. de » Bourgongne Père pourroit avoir lors de ſon décès, pour, par » leſdits ſes trois Enfans, jouir, faire & diſpoſer des trois quarts » deſdits Biens *en pleine propriété*, comme de choſes à eux » appartenantes, l'autre quart étant réſervé à ſon Fils marié. *A* » *charge par ſeſdits trois Enfans de payer & acquitter les trois* » *quarts des dettes & charges* que le Donateur pourroit avoir & » devoir alors, *ainſi & de même que ledit Sr. ſon Fils marié eſt* » *attenu pour* l'autre quart deſdites dettes & charges: « Enfin le Donateur ſe réſerve l'uſufruit ſa vie durante de tous les Biens donnés. Cet Acte fut fait, comme on le voit, pour rendre tous les Enfans égaux, *& entretenir la paix & l'union entre eux par* *l'égalité*, ce ſont encore les propres termes de ce partage, qui, ayant été accepté par les Donataires, fut enſuite publié & enré-giſtré au Bailliage de Neufchâteau, le 10 dudit mois d'Avril 1736 ; en la Juſtice de Pontpierre pour le Gagnage de Sartes, le 25 du même mois d'Avril, & en la Prévôté de Bulgnéville pour le Gagnage d'Auzainvilliers, le 2 Mai dite année 1736.

Mᵉ. de Bourgongne fut inſtruit de toutes les précautions qu'on avoit pris au nom de ſes Frère & Sœurs pour remplir les forma-lités, qu'il n'avoit pas obſervé pour valider la donation portée en ſon Contrat de mariage ; mais il employa à la ſuite d'autres moyens pour ne pas être dupe de la faute qu'il avoit commife, je vais en détailler quelqu'uns, les autres feront annoncés fucceffivement à leurs époques.

J'ai dit précédemment que M. de Bourgongne père avoit contracté des dettes pour *l'éducation de fon Fils*, & *pour le marier;* il avoit été obligé de faire des emprunts à Lunéville *chez le Sr. Granjean*, fon Beau-frère, & chez la D^{elle}. Ainguenin, ainfi qu'à Neufchâteau, pour payer les *frais de nôces*, fournir *aux habits* & *achéter les meubles*, & *les livres de la* Bibliothéque de ce cher Fils, énoncée en l'article 3e. de fon Contrat de mariage; ce Père facile avoit fait des dépenfes confidérables pour ces nôces & chez les Marchands à Neufchâteau. M^e. de Bourgongne conclud de là que dès que le Gagnage de Sartes ne pouvoit être entamé par la donation portée dans fon Contrat de mariage, n'y ayant pas même eu d'enrégiftrement au Greffe de Pontpierre, & encore moins de publication de cet Acte, comme je l'ai obfervé, il falloit qu'il fe retournât d'une autre façon; en conféquence il fit dès lors le projet *de confifquer une partie de ce Gagnage* de Sartes, pour payer les dettes auxquelles il avoit donné lieu perfonnellement; à cet effet il provoqua *la vente de moitié de ce Bien* qui confiftoit en vingt-deux paires, comme je l'ai obfervé.

Pour y parvenir il fit faire une requête au nom de fon Père, & l'adreffa au Procureur du Roi au Bailliage de Neufchâteau, le 17 Décembre de l'année fuivante 1737. Il y expofa la donation faite en faveur des trois autres Enfans, au mois d'Avril 1736, ainfi que celle faite par fon Contrat de mariage, on y fit mention de la charge de payer les dettes contractées avant ces donations; & pour les acquitter on propofa la vente de cette moitié de gagnage fitué à Sartes. Il y eut un Acte tutélaire dreffé en affemblée de famille ledit jour, dans lequel tous ces motifs font rappelés, ainfi que le détail de toutes les dettes qui étoient à payer,

17 Déc. 1737,

Première Vente de moitié du Gagnage de Sartes.

& qui ont été acquitées fur le produit de cette première vente.

Les époques auxquelles ces dettes avoient été contractées, fe rapportent exactement à celle du mariage de M^e. de Bourgongne, à la réferve d'une feule qui a eu lieu pour fournir à fes penfions, entretien & frais d'étude, le furplus eft donc fujet à rapport.

Cette vente ayant été autorifée, elle fut faite le 23 dedit mois de Décembre 1737. Il fut prélévé fur le prix de ce Bien une fomme de *trois mille cinq cent cinquante-cinq livres*, faifant le montant de toutes ces dettes, tant en capitaux qu'intérêts ; en défalquant de cette fomme celle de mille livres employée aux frais d'étude, & à faire graduer M^e. de Bourgongne, qui ne font pas fujets à rapport ; il en refte encore *deux mille cinq cent cinquante-cinq livres* employés à payer les habits de nôces, les meubles & les livres de fa bibliothéque, ftipulés dans l'article 3e. de fon Contrat de Mariage

Ces objets étant fujets à rapport, ainfi que les intérêts de dix années qui échéront au 10 Novembre prochain, à compter depuis pareil jour de l'année 1776, époque du décès de M. de Bourgongne père ; cela forme en tout une fomme de *trois mille huit cent trente-deux livres dix fols* à la charge de notre Adverfaire. . . . . 3832 liv. 10 f.

Pour parer à ce rapport envers fes cohéritiers, il a pris une nouvelle précaution en changeant la nature des dettes payées quelque temps après fon mariage, qui, comme je l'ai obfervé, procédoient des dépenfes caufées pour cette partie de la dot de M^e. de Bourgongne.

Quoique, fuivant la Jurifprudence, il n'ait eû que *dix années* pour faire la répétition de ce qui lui avoit été conftitué en dot, & quoique fon filence depuis ce temps ait été une preuve plus que fuffifante de cette libération ; fi on y ajoute les dettes payées environ deux années après fon mariage, avec le produit de la première vente, faite de la moitié du Gagnage de Sartes, on concevra difficilement qu'il ait pû s'élever contre tous les principes, par une réclamation postérieure de quatorze années, qui est contraire à l'Acte tutélaire & à la vente qui lui sont opposés.

S'il eût été vrai comme il l'a prétendu au procès, & ainsi qu'il le répéte à la page 6e. de son Imprimé ; enfin s'il eût été certain que les objets rappelés en la première partie de l'article 3e. de son Traité de mariage, pour ce qui concerne les habits, les meubles & sa bibliothéque, » *n'ont jamais servi qu'à l'honneur du Contrat, & que dans le fait il n'en a profité d'aucune manière* ; comment n'a-t-il pas sommé judiciairement son Père, *quelque temps après son mariage*, de lui faire la délivrance de ces objets, ou de lui en donner décharge par Acte authentique qu'il eût annexée à la minute de son Contrat de mariage ? Il a négligé toutes ces précautions ; mais il s'est avisé de l'écrire, cette décharge, de sa propre main, *plus de quatorze années après*, dans un Acte sous seing-privé, daté du 1er. Février 1751, où il a inféré » que M. son Père ne » lui avoit donné *ni habits, ni meubles, ni livres.*

Il est certain que s'il eut fait ces observations quelque temps après son mariage, on eut facilement prouvé le contraire par les titres qui existoient encore, à raison des emprunts & des dettes contractées pour ces objets, & qui sont constatés par l'Acte tutélaire dont il vient d'être parlé, dans lequel toutes ces créances sont détaillées.

Il ne croyoit pas sans doute, lorsqu'il a formé cet Acte sous seing-privé, qu'on pourroit recouvrer cette piéce ; & s'il ne se fut pas emparé des papiers de M. son Père, *sans avoir fait faire inventaire*, on auroit encore trouvé les quittances au bas des titres de créances, que l'Auteur commun avoit conservé pour fixer les rapports respectifs entre ses Enfans, comme il avoit conservé le billet de trois cent liv. de mes Père & Mère, à raison de la rémanence de cette première vente, qui leur avoit été confiée.

Notre Adversaire a exactement produit ce qui pouvoit être contre ſes côhéritiers ; & il paroît qu'il a mis de côté ce qui pouvoit donner des renſeignemens contre lui ; *ce ſont les inductions qu'on doit tirer du défaut d'inventaire de ſa part au décès de ſon Père.*

Ces ſeules obſervations devroient ſuffire pour anéantir cet Acte ſous ſeing-privé ſurpris à tous égards de la religion d'un Vieillard infirme, à qui l'Adverſaire a fait entendre ce qu'il a jugé à propos ; je me réſerve de faire encore connoître à la ſuite les autres ſuppoſitions renfermées dans cet Acte, après la déduction de quelques faits antérieurs.

D'après ce qui vient d'être dit, il eſt incontestable que l'Adverſaire ne peut parer au rapport des objets dont il s'agit ; mais il ne s'en eſt pas encore tenu là, & il n'a laiſſé à ſes Neveux pour tout bien du côté maternel, *que le ſang qui coule dans leurs veines*, cela va être démontré dans un inſtant.

J'obſerverai encore que M. Jean-Antoine de Bourgongne notre Oncle, le plus jeune des Fils de mon Aycul, faiſoit la profeſſion d'Avocat à Nancy en 1741 ; mais voulant paſſer en Allemagne, au Service de S. A. R. le Grand-Duc de Toſcane, il fut néceſſaire de faire un emprunt pour fournir aux frais de ſon voyage ; & comme ce jeune homme étoit encore mineur il y eut aſſemblée de famille faite *le 13 Février de ladite année 1741*, qui autoriſa M. de Bourgongne père, comme Tuteur de ſon Fils, à emprunter une ſomme de 600 liv. pour fournir à ces objets ; *à l'effet de quoi les Biens du mineur provenant de la donation entre-vifs du mois d'Avril 1736, ſeroient hypothéqués pour le rembourſement de ladite ſomme ;* cela fut ainſi ſtipulé par le Contrat obligatoire paſſé au profit du Sr. Mouzon, Marchand à Neufchâteau, qui prêta les deniers le même jour.

13 Février 1741.

Ces Actes géminés, ainſi que le premier Acte tutélaire du mois de Décembre 1737, confirmoient encore l'effet de la donation entre-vifs, faite au profit des trois autres Enfans le 7 Avril 1736 ; cependant comme ce premier Acte gênoit les vues de notre Adverſaire pour difposer de ce qui reftoit du Gagnagne de Sartes, & pour s'approprier en entier tout le Gagnage fitué à Auzainvilliers, qu'il convoitoit depuis longtemps, il étoit néceffaire qu'il prit d'autres précautions.

Nous avions eû le malheur de perdre notre Père au mois de Février 1749, & feu ma Mère étoit reftée veuve chargée de dix enfans, dont j'étois l'aîné. Je fus placé à Lunéville quelques mois après, par deux de mes Parens qui y réfidoient. Février 1749.

Mon Frère cadet fut enfuite placé à Paris, où il jouit d'une fortune honnête qu'il ne doit en aucune façon aux bontés de M^e. de Bourgongne; *je puis lui en dire autant pour ce qui me concerne*, & quoi que dans la première plaidoirie qu'il a fait faire aux Requêtes du Palais, il ait tâché de me dépeindre comme un Neveu ingrat envers lui, il ne peut cependant me reprocher aucune générofité de fa part qui puiffe fe porter à *trois livres*, depuis que j'exifte.

Mon Père laiffa dans fa fucceffion une Maifon fort confidérable, fituée à côté de l'Hôtel-de-Ville, rue neuve, à Neufchâteau. Il avoit fait rebâtir cette Maifon, qu'il avoit achetée en l'année 1740, des Veuve & héritiers du S^r. Rivard, & dont il avoit payé le prix, tant de fes deniers, qu'au moyen de l'emprunt qu'il avoit fait d'une fomme *de feize cent livres*, à titre de conftitution au profit des Pères Cordeliers de cette Ville, le 23 Janvier de l'année fuivante 1741.

Il eft dit dans cet Acte, dont M^e. de Bourgongne a produit la groffe, pièce 4 de fa liaffe de vingt pièces : » Les mêmes Confti » tuans ont promis & fe font obligés d'employer la même fomme de » *feize cent livres*, favoir, mille livres pour le payement qu'ils de- » voient faire à D^{lle}. Anne Lufurier, Veuve du Sr. Claude Rivard, » & auparavant du Sr. Pierre de Bray, tant pour elle que pour fes » co-vendeurs, *fur & en tant moins du prix de la Maifon où réfident* » *lefdits Conftituans, fituée en la rue neuve dudit Neufchâteau,* » *l'Hôtel-de-Ville d'une part & le Sr. de Sainte-Marie d'autre,* que Dette des Cordeliers de Neufchâteau.

» ladite Dlle. Lufurier & fes co-vendeurs ont vendu aux mêmes
» Conftituans ; & de plus la fomme de deux cent livres à la Dlle.
» Anne-Catherine Olry, préfentement mariée, pour la part qui lui
» arrive dans le prix de ladite Maifon ; *de faire inférer dans les quit-*
» *tances* qui leur en feront fournies defdites deux fommes fur la
» minute du Contrat de Vente de ladite Maifon, *que les déniers*
» *proviennent des feize cent livres* ci-deſſus mentionnées, *avec fu-*
» *brogation defdits Révérends Pères aux droits, priviléges & hy po-*
» *thèques defdits Vendeurs.*

» Et en ce qui touche les quatre cent livres reſtantes pour former
» les feize cent livres, les mêmes Conftituans *s'obligent à les em-*
» *ployer au payement de la Vigne qu'ils ont achetée de Henri Rochel,*
» fituée à la Côte fendue, au Ban de Neufchâteau, le Sr. François
» Mouzon d'un part, & Jean Baptifte Cugnot d'autre, *de la confif-*
» *tance de cinq quarts ;* avec la même expreffion *fur la quittance*
» qui en fera fournie, que lefdits deniers proviennent de ladite fon-
» dation, avec pareille fubrogation au profit defdits Révérends
» Pères, &c.

En exécution de tout quoi, par quittance du lendemain 24 Janvier
1741, il fut payé à la Dame Rivard & à la Dlle. Olry la fomme de
mille livres, qui ne devoit être acquittée qu'au vingt-cinq Juillet
fuivant, *avec la rente* jufqu'au jour de ladite quittance, ce qui fait
avec le capital, un objet de . . . . . . 1025 l. o f. o d.

Et le 8 Février de la même année 1741, il fut encore payé au
Procureur fondé du Sr. Hébert, Avocat à Bar, *à caufe de la Dlle.*
Anne-Catherine Olry fon époufe, la fomme de cent quatre-vingt-
trois livres fix fous huit deniers de principal, & quatorze livres onze
fous fix deniers de rente, ce qui forme enfemble 197 l. 18 f. 2 d.

Il eſt dit dans ces deux quittances, » *que les deniers proviennent*
» *de l'emprunt fait des Pères Cordeliers, lefquels demeurent fu-*
» *brogés aux droits & hypothèques acquis à ces Vendeurs de la*
» *Maifon dont il s'agit,* à raifon de douze cent vingt-deux livres

» dix-huit fous deux deniers, tant en principal qu'intérêts, « faifant le montant de ces deux quittances, qui font tranfcrites au bas de la groffe dont M^e. de Bourgongne eft faifi, ce qui fait en tout 1222 l. 18 f. 2 d.

Le furplus pour parfaire les feize cent livres avoit également été payé à l'Acquéreur de la Vigne rappelée au Contrat de conftitution, provenante de Henri Rochel, mais la quittance n'en eft pas jointe au Contrat.

Il eft donc inconteftable *que le privilége acquis aux Pères Cordeliers de Neufchâteau fur cette Maifon*, à raifon de douze cent vingt-deux livres dix-huit fols payés des deniers rappelés au Contrat de conftitution du 23 Janvier 1741, ne pouvoit fouffrir de difficulté; il en eft de même à l'égard de la Vigne provenante de Henri Rochel.

Ces Immeubles ne pouvoient être décrétés ni vendus *que le pourfuivant ne reftât garant que ces créanciers notoirement préférables & privilégiés, feroient payés en entier de ce qui leur étoit dû, tant en principal, intérêts que frais.* Voilà la règle & les principes qui font exactement fuivis en Juftice; mais notre Adverfaire a bien voulu les ignorer: Je vais le démontrer à la fuite.

Mon Père laiffa encore dans fa fucceffion un Office de Notaire & Tabellion-Garde-notes général, qui étoit l'un des meilleurs de Neufchâteau, ayant la garde des minutes de trente-deux anciens Notaires.

Il laiffa en outre environ cinq à fix jours de Vignes, dans de très-bons endroits & dans la meilleure expofition, au Vignoble de Neufchâteau; il étoit donc facile d'acquitter ce qui pouvoit être dû, *en vendant le tout amiablement;* mais notre Oncle, qui dit avoir été » dans tous les temps *le foutien & l'appui de fa famille & de celle de* » *fa Sœur*, « vit d'un œil tranquille commencer un Décret forcé, & laiffa tout confommer en frais de difcuffion, fans beaucoup s'en inquiéter; la fuite va encore le faire connoître plus particulièrement, & cela doit le démafquer à tous égards.

Mondit S^r. de Bourgongne fils aîné se voyant seul maître des intérêts de toute la famille par l'absence de M. son Frère qui étoit passé en Allemagne, & par la mort de son Beau-frère, dé-décé au mois de Février 1749, n'ayant à faire qu'à sa Veuve, à qui il promettoit beaucoup, pour les autres individus de sa famille ; il arrangea ses batteries pour faire le tout à son gré ; il crut donc qu'il falloit commencer par faire révoquer la donation de 1736, pour être le maître de disposer du restant des Biens de son Père. A cet effet il envoya un émissaire à Neufchâteau avec le modele d'un Acte de révocation de cette donation. Il donna pour motif dans cet Acte, » que son Père avoit » donné entre-vifs à ses trois autres Enfans, *ses biens anciens sous* » *rétention d'usufruit* ; ce qui étoit contraire à la disposition de la » Coutume, Titre des Donations, Article II. » En conséquence il fit dresser un Acte authentique devant M^e. Oget, Tabellion général à Neufchâteau, le 22 Juillet de ladite année 1749, portant révocation de cette donation ; & l'on fit déclarer à M. de Bourgongne père, » qu'il entendoit & prétendoit rentrer en la jouissance & » propriété *des trois quarts*, *tant du Gagnage de Sartes*, *que de* » *celui situé à Auzainvilliers* ; *comme aussi dans la propriété des* » *meubles*, qui faisoient l'objet de ladite donation entre-vifs dudit » jour 7 Avril 1736, pour par lui jouir du tout, ainsi qu'il avoit droit » de le faire avant la même donation. « Voilà les termes de l'Acte.

Le Notaire en fit signer la minute à ce vieillard facile ; la grosse fût envoyée à notre Adversaire, qui l'a tenue dans le plus grand secret, & il ne l'a communiquée que depuis l'instance intentée contre lui, en partage des fonds ; en sorte que cette piéce remarquable est restée dans les ténébres pendant plus de trente-cinq ans, il n'en est même fait mention dans aucuns des Actes postérieurs, relatifs aux aliénations qui s'en sont ensuivies.

En examinant cette pièce on y reconnoît que le motif principal en est faux & supposé ; en ce qu'il y est dit que cette donation entre-

Arrêt du 12e février 1787 sur l'appel de Catherine de France veuve de Jean Manpay demeurante à Parey S.t Cézaire et autres.

Contre m.e Charles François de Bourgogne Avocat avoué au Parlement Doyen de la Chambre Royale des Consultations demeurant à Nancy.

Votre ditte Cour sans s'arrêter à l'appel incident, a mis l'appellation et jugement dont est appel au néant Emmandant a renvoyé les veuve et héritiers de Jean Manpay de la demande contre eux formée; a chargé par eux de fournir à Charles François de Bourgogne suivant les offres, une déclaration des héritages qui composant son fief de Parey S.t Cézaire suivant leurs consistances actuelles, avec les nouveaux Balains, attestée par les maire et gens de justice; et luy compléter la quantité de terres et de préys portés au méd. arrêt de quinze cent quatrevingt dixneuf; en imputant les excédans de quelques pièces sur le déficit des autres, à charge aussi par eux d'affirmer qu'ils ne détiennent aucuns titres dud. fief; sauf l'information du surplus; et à condamné led. de Bourgogne aux dépens

faites depuis le jugement interlocutoire ceux
antérieurs demeurant compensés.

Fait et jugé en parlement chambre
des enquêtes à Nantes ce douzième januier
l'an de grace mil sept cent quatrevingt sept
de notre reigne le treizième signé f de lacroix

Lequel étoit d'un jugement rendu aux
requêtes du Palais sur procès par écrit en
datte du 14e aoust 1785.

Monsieur

Je vous envoye les feuilles de l'imprimé que
je vous avois annoncé par ma dernière.
J'y ay joint l'analise du surplus de cet
imprimé et la coppie de l'arrest rendu contre
M.rs des Bourgoignes en faveur de la veuve
de Clin... Le tout est ap joint
cela pourra vous amuser lorsque vous serez
louvré lu. vous pourés... encore
faire louvis et... jusqu'à ce que
vous voudrés bien avoir... j'ay...
sur tous les... dans ma
lettre. En attendant je suis toujours avec
une sincère affection

                           votre très ... aime
                           ...

Nancy ce 21e mars 1767

vifs eft compofée de Biens anciens de M. de Bourgongne Père ; fon Fils a Pag. 5 & 6.
ofé le foutenir ainfi dans fes écritures au procès, & il n'a pas craint d'en
impofer au public & à fes Juges, dans fon Imprimé du premier du
mois d'Août dernier, pag. 5 & 6 ; il n'a *pas même répondu* aux moyens
que je lui ai oppofé à ce fujet par mes différentes écritures : Il pouvoit d'ailleurs recourir à la donation portée en fon Contrat de Mariage, il eut vû qu'il n'eft pas queftion de *Biens anciens*, comme il
le dit à la page 5. J'ai donné les propres termes de l'article 3e. de
fon Contrat de Mariage, il n'en eft pas dit un mot ; j'ai également
rapporté les termes de cette donation entre-vifs de 1736, faite trois
mois après fon Mariage, en faveur de fes trois autres Frère & Sœurs,
il *n'eft pas également queftion de Biens anciens* ; il y a plus,
je l'ai fommé, avant la plaidoirie de la caufe, de donner en
communication les titres du Gagnage d'Auzainvilliers, *qu'il a déclaré avoir entre les mains,* fuivant la ftipulation de fon prétendu
Contrat d'acquifition du 20 Février 1756, mais il a refufé de communiquer ces titres, on y eut vû fi effectivement cette partie de
Biens *étoit un ancien au Vendeur,* car il n'en eft pas encore dit un
mot dans cet Acte.

Je lui ai obfervé auffi, qu'en fait de fucceffion, quand on
ne pouvoit prouver la mouvance des Biens *ils étoient réputés acquêts*, que tous les Auteurs étoient d'accord fur ce principe ;
il n'a pu répondre autre chofe, finon, qu'en ce qui concerne le
Gagnage fitué à Sartes, » il avoit *été vendu fur une déclaration* Fol. 6, v^o. des écri-
» *fignée Collenel ; que cette famille étant alliée à celle des De* tures du Défendeur
» *Bourgongne, il étoit cenfé que cette partie de Biens provenoit* fignifiées le 20 Mars
» *de la famille.* « Je crois lui avoir répliqué affez folidement à cet 1786.
égard, & il eft refté fans réponfe. Auffi, dans fon Imprimé, à la
page 6, il n'a ofé combattre les principes qu'on lui a oppofé, & il
a penfé qu'il feroit cru fur fon affertion ; mais il peut fe défabufer à *Idem* pag. 6.
cet égard, car il n'eft pas plus croyable qu'un autre dans fon propre
intérêt.

Il y a encore une autre ſtipulation ſingulière dans cet Acte de révocation de l'Acte entre-vifs de 1736. Il y eſt dit » que M. de
» Bourgongne père *entend & prétend* rentrer en la jouiſſance
» & propriété *des trois quarts* tant du Gagnage *de Sartes* que de
» celui ſitué à Auzainvilliers, &c. «

Cette révocation a été faite en 1749, au mois de Juillet, & à
cette époque *il y avoit plus de douze ans* que M. de Bourgongne
père avoit été autoriſé à vendre les parts & portions de ſes Enfans
mineurs dans la moitié du Gagnage de Sartes, pour payer les dettes
auxquelles ſon Fils aîné avoit donné lieu perſonnellement, comme
je l'ai déja dit. Cette première vente ayant été faite le 23 Décembre
1737, il ne pouvoit donc plus, en vertu de cette révocation du
mois de Juillet 1749, rentrer dans la propriété *des trois quarts* de ce
Gagnage de Sartes ; d'ailleurs cette donation avoit été confirmée
par le premier Acte tutélaire du 17 Décembre 1737, & par celui
qui eut lieu pour l'emprunt des deniers néceſſaires au Sr. Jean-Antoine de Bourgongne, ſecond Fils, lors de ſon voyage en Allemagne
à l'époque des Guerres de 1741.

Cet Acte ainſi confirmé étoit donc inattaquable à tous égards,
dès qu'on ne pouvoit pas & qu'on ne peut encore prouver *que les
Biens donnés étoient des anciens*, ainſi qu'on l'a hazardé dans cet
Acte, pour le ſeul motif de cette révocation ſurpriſe à tous égards
de la facilité de ce vieillard, à qui on vouloit faire faire enſuite toutes
les opérations néceſſaires pour le dépouiller du reſte de ſes Biens ;
c'eſt ce qui va être démontré dans un inſtant.

Il eſt encore à obſerver que cette révocation étant reſtée ſans être
dénoncée aux Parties intéreſſées, qui auroient pu la contredire & la
faire annuller, il s'enſuit qu'elle doit être rejettée ; car pour opérer
l'effet de cette révocation *le Donateur devoit en faire ordonner l'exécution en Juſtice, contradictoirement avec ſes Enfans*, pour ce qui
reſtoit des Biens compris dans cette donation entre-vifs ; notre Adverſaire a cependant fait imprimer à la page 9, *» que cette révoca-*

» *tion fut connue de tous les Donataires , sans qu'aucun s'avisât de* » *faire la moindre protestation* « Il seroit fort embarrassé d'adminiftrer aucune preuve de cette allégation. Quoiqu'il en soit, j'ai approuvé cette révocation de donation, *pour ce qui me concerne.,* & je ne viens à la fucceffion de mon Ayeul que par repréfentation de ma Mère ; n'ayant fait toutes les obfervations précédentes que pour faire connoître la façon d'agir de notre Adverfaire.

M. de Bourgongne père fut tranquille chez chez lui, avec fa Fille Mars 1750. la plus jeune & fa feconde Époufe , jufqu'au mois de Mars 1750, qu'il eût le malheur de perdre celle-ci ; *fon Fils l'accufe d'inconduite , reproche qu'il fait également à fa propre Mère* , par fes premières écritures du 15 Novembre 1785 : Dans la réponfe que je lui ai fignifiée le trente-un Janvier dernier, je lui ai fait connoître l'injuftice de ces imputations.

M^e. de Bourgongne fils, qui avoit préparé les voies, par l'Acte de révocation de la donation de 1736, dont je viens de parler, fit enfuite venir à Nancy ce vieillard refpectable & facile, pour être plus à même de difpofer de tout à fon gré ; & comme cette révocation portoit encore *fur la propriété des meubles* , ainfi que je l'ai obfervé dans l'analife de cet Acte, M^e. de Bourgongne fe vit bientôt maître de tout.

Il a écrit lui-même dans fon Acte fous feing-privé du 1er. Février 1751, dont j'ai déja parlé, *que ce fut dès le 3 Avril 1750, que fon Pere s'étoit retiré chez lui* ; en forte que dès cet inftant l'Adverfaire prit toutes les précautions pour s'emparer du mobilier.

La Dlle. fa Sœur, Jeanne-Théréfe de Bourgongne , fut mife en penfion à Vaucouleurs, il en fait l'aveu à la pag. 12 de fon Imprimé ; Page 12. enfuite il s'adreffa *à la Dlle. de Braux, fa perfonne de confiance* , & lui donna les inftructions relatives à fes intérêts ; *celle-ci fera un grand rôle dans la difcuffion de cette affaire,* ayant été la cheville ouvrière de toutes les principales opérations de notre Adverfaire. Cela eft prouvé par fes propres piéces.

z Mai 1750 & 10 dudit mois.

Cette agente infatigable fit drefler un exploit de vente *de tous les vieux meubles* qui ne pouvoient être transférés à Nancy. Ces mauvais objets produifirent cependant, par les foins de cette perfonne, une fomme de *deux cent dix-neuf livres dix-huit fous fix deniers*, déduction faite des frais de vente; le tout fut remis à cette agente, qui le fit pafler à Nancy chez fon commettant, *comme elle fit dans la fuite pour*

Piéce 6 de liafle de 20 piéces.

ce qui concernoit le prix des Biens vendus à Sartes; (cela viendra à fa date). Mais ce qui prouve la vérité de la perception faite par *cette Dlle. de Braux,* des deniers provenans de la vente dont il s'agit, c'eft l'énoncé du dernier article de cette vente, p. 6e. de la liafle de 20, produite par notre Adverfaire : On y lit ces mots, écrits de la main de l'Huiffier : » du depuis adjugé à Franç. Gauthier, *une vieille* tapifferie,

Second objet fujet à rapport.

» un fauteuil & chaifes & un bois de lit, *le tout vieux*, pour vingt-fept livres, payées *comptant à la Dlle. de Braux*, ce 10 Mai 1750; c'étoit huit jours après la date de l'exploit qui a été dreffé le z dudit mois de Mai; il eft donc à préfumer qu'elle n'aura pas oublié de faire rendre compte à cet Huiffier du furplus de cette vente, puifqu'il n'y a aucune quittance fignée de feu M. de Bourgongne père. Son Fils eft donc encore comptable de cet objet, qu'il doit rapporter en mafle, avec les intérêts de dix années, ce qui fait en tout une fomme de 329 l. 17 f. 9.

Outre le produit de la vente dont il vient d'être parlé, qui ne concernoit uniquement que *les vieux meubles* comme je l'ai dit, il y avoit encore quantité de linges de ménage que la feconde Époufe de M. de Bourgongne père avoit filé elle-même & fait filer pendant plus de dix années; il y avoit des armoires, des tapifferies, les linges & nippes de la défunte qui n'ont pas été compris dans cet exploit de vente, non plus que l'argenterie & quantité d'autres objets très-précieux & d'une valeur aflez confidérable, *qui furent tranfportés à Nancy par les foins de la Delle. de Braux.* J'ai offert de prouver ces faits.

Page 9.

Me. de Bourgongne fe contente de dire dans une période féparée, à la page 9e. de fon imprimé, déjà citée; » *le Sr. de*

» *Bourgongne perdit fa Femme en 1750. Cet événement le met-*
» *tant dans l'impoffibilité de tenir encore ménage, il vint réfider à*
» *Nancy chez Me. de Bourgongne, & quelque tems après fit vendre*
» *fes meubles à Neufchâteau.* « On voit qu'il paffe légèrement fur les objets confidérables tranfportés chez lui, il n'en dit pas un mot.

Il ne s'agit que de prendre lecture de l'exploit du 2 Mai 1750, dont j'ai parlé il n'y a qu'un inftant, on y voit *que tout eft vieux* & donné à un prix très-modique, puifqu'un drap n'a été vendu que qua-rante-fix fols, & les autres à proportion; il n'y eft pas parlé des lits, des linges de ménage & des tapifferies, non plus que des armoires & autres meubles les plus effentiels, ainfi que de l'argenterie tranfportée à Nancy.

Notre Adverfaire a fixé lui-même la valeur de tous ces objets par l'Acte qu'il a fait faire au nom de la Delle. Thérefe de Bourgongne fa Sœur, le 25 Septembre 1784, *treize jours après la fommation que j'ai été obligé de lui faire, à l'effet d'obtenir la remife des titres des Biens-fonds pour procéder aux partages.* Il eft dit au nom de cette Demoi-felle à la fin de cet Acte : » Déclarant en outre *que la part* qui lui » eut arrivé dans les Biens de la donation dont il s'agit, fi elle eut » eu lieu, *étoit de mille livres* pour les meubles, & *cinq mille livres* » pour les Immeubles au plus. « On voit donc par cette ftipulation que *l'eftimation du mobilier* doit fe porter en tout à quatre mille livres pour les parts des quatre Enfans.

Il n'en eft pas de même des Immeubles, qui fe feroient portés bien au-delà ; quoiqu'il en foit, notre Adverfaire fait renoncer cette Demoifelle à *fix mille livres*, afin qu'il puiffe dire, *qu'elle n'avoit rien, & qu'il la nourriffoit par charité ;* tels font les propos qu'il a répandu dans le public depuis plus de vingt ans. La dif-cuffion de ce dernier Acte, *de la façon de notre Oncle*, fera traitée féparément après l'inventaire qui doit fuivre l'appofition des fcellés, faite le 25 Août dernier, lors defquels fcellés il a feulement fait men-tion de cet acte du 25 Septembre 1784, qu'il n'a pas ofé produire au procès, & qu'il a tenu jufqu'alors dans le plus grand fecret.

Nous pouvons donc nous fixer actuellement fur l'eſtimation du mobilier inférée dans ce dernier Acte, ſans préjudice à tous droits pour le ſurplus ; conſéquemment en déduiſant *le prix des vieux meubles vendus*, il reſtera encore trois mille ſept cent quatre-vingt livres un ſol ſix deniers pour la valeur des autres meubles tranſ-portés chez notre Adverſaire. Il eſt également comptable de cette ſomme à défaut d'inventaire fait, tant lors de l'entrée de M. de Bour-gongne père chez ſon Fils, en 1750 & en 1757, que lors du décès de cet Ayeul commun en 1776. On pourroit cependant en répéter davantage, à raiſon de ce défaut de formalité *qui étoit inidſpenſable dès qu'il y avoit des mineurs & des abſens;* mais je veux bien pour ma part ne pas pouſſer plus loin mes prétentions à cet égard ; en ſorte qu'en y ajoutant les intérêts depuis dix ans, époque du décès de l'Ayeul commun, juſqu'à la Saint-Martin de la pré-ſente année, ces objets feront enſemble, pour le mobilier tran-porté à Nancy, un total de . . . . . 5670 liv. un ſ. 6 d.

Troiſième objet
ſujet à rapport.

Il n'aura donc pas à ſe plaindre, puiſque l'on cave au plus bas prix, & que je m'en rapporte à ſa propre eſtimation, *pour ce qui me concerne*, ſauf les droits de mes cohéritiers pour leur part.

Pendant que Mᶜ. de Bourgongne fils arrangeoit ainſi ſes affaires *pour avoir tout le mobilier de ſon Pere*, qu'il avoit fait venir chez lui, on continuoit les pourſuites du décret des Biens de feu mon Père, & la Sentence d'ordre venoit d'être rendue.

On a vû précédemment que le privilége acquis aux Pères Cor-deliers de Neufchâteau, *ſur la Maiſon* acquêtée par feu mon Père, ne pouvoit ſouffrir de difficulté à raiſon de *douze cent vingt-deux livres dix-huit ſols* employés à payer ce qui étoit dû aux vendeurs de cette Maiſon ; il en étoit de même à l'égard de ce qui avoit été payé pour la Vigne, des deniers empruntés par le Contrat de conſtitution du 23 Janvier 1741 ; cependant on ne conçoit pas par quelle fatalité, ces créanciers n'avoient pas uſé du privilége inconteſtable qui leur étoit acquis, & ne s'étoient pas

formellement oppofé à la difcuffion de ce qui faifoit leur gage principal, *dont le prix eut été plus que fuffifant pour répondre de tout ce qui
leur étoit dû ;* fans égard au cautionnement prêté par M. de Bourgongne père, qui n'avoit eu lieu que par *furabondance de droit.*

On conçoit encore moins comment le Bailliage de Neufchâteau
n'avoit pas fait droit *fur ce privilége des Pères Cordeliers,* par la
Sentence d'ordre. Cela engagea M. Sallet, confeil de ces Religieux,
à écrire à M^e. de Bourgongne notre Oncle, le 20 Août
1750; il produit cette lette qui fait la 7e. piéce de fa liaffe de 20.
Il lui marque : » J'ai fait ce qui a dépendu de moi pour mé-
» nager fes intérêts (*en parlant de M. de Bourgongne pere, comme*
» *caution*) dans le décret des Biens de ce défunt ; par la pré-
» tention de la concurrence *du privilége fpécial fur la Maifon,*
» *vous le verrez par la confultation ci jointe;* mais comme l'évé-
» nement n'y a pas répondu, & que *la Sentence d'ordre* donne au S^r.
» de Bray la préférence; *j'ai cru devoir vous l'envoyer,* afin que vous
» puiffiez vous décider fur le parti que vous avez à prendre, &c.

Si M^e. de Bourgongne eut été *un Oncle bienfaifant pour fa
famille,* comme il a voulu fe dépeindre dans la quatrième pro-
pofition qu'il a fait imprimer, à la page 5e. de fon Mémoire,
» *il auroit fait ufage des lumieres qu'il a acquis, ayant vieilli*
» *avec diftinction dans la profeffion d'Avocat, & entendant les*
» *affaires;* « enfin s'il eut agi *en homme honnête* envers fes Neveux,
comme il le dit au bas de la page 3e. de fon Imprimé, il auroit
faifi cette occafion pour faire valider le privilége des Pères Cordeliers à la décharge de M. fon Père comme caution ; mais il n'en a
pas penfé ainfi, il avoit d'autres vues particulières qui lui étoient plus
avantageufes ; elles feront développés dans la fuite. * En forte que

---

* Il avoue lui-même, au fol. 16 de fes écritures fignifiées le 20 Mars dernier, „ *que
» s'il avoit fait interjetter appel de la Sentence d'ordre dont il s'agit, & qu'il l'eut fait ré-
» former, les Cordeliers de Neufchâteau auroient pu être payés fur les Biens des Sieur &
» Dame Hennequin, préférablement à d'autres créanciers.* Mais il n'a pas voulu fe prêter
pour cet objet. Telle eft fa façon d'agir envers fes Neveux.

la révocation de la donation de 1736 ayant eu lieu en Juillet 1749, par les soins de notre Oncle, & suivant lui, *son Père étant rentré dans tous ses Biens*, si M^e. de Bourgongne fils ne les eut pas fait aliéner, il est certain que le quart en eut passé à ses Neveux, *franc & quitte des dettes* auxquelles leur Mère auroit pu avoir accédé, *puisque leur Tuteur avoit été autorisé à renoncer au nom de ces jeunes Enfans, à la succession de leur Père*, afin de leur conserver celle de leur Ayeul qui est décédé plus de dix années après sa Fille la Dame Hennequin. Voilà ce qu'on auroit dû attendre *d'un Oncle bienfaisant*; mais la suite fera voir qu'il n'a engagé & sollicité la révocation de la donation de 1736, que pour son intérêt particulier, *& pour s'emparer plus facilement de tous les Biens de son Père au préjudice de ses autres Frère & Sœurs, ainsi que de ses Neveux*, comme il l'a répété à la page 3e. ci-devant citée,

J'observerai encore que dès le commencement des poursuites dirigées contre notre Adversaire, il a été sommé par actes des 18 & 21 Février, de produire & communiquer *la consultation & la Sentence d'ordre* qui lui avoient été adressées par M. Sallet, *au sujet du privilége des Peres Cordeliers ;* cette invitation a encore été réitérée dans le cours de l'appointement ; mais il n'a pas été possible jusqu'à présent de rien obtenir à cet égard ; sans doute que cette production feroit tort aux connoissances de mon Oncle, & que ces deux piéces feroient voir trop clair dans sa conduite envers ses Neveux.

En voici le développement.

Bien loin par M^e. de Bourgongne d'avoir suivi *ce que ses propres lumières lui dictoient* en faveur de ses Neveux, il fut charmé de trouver l'occasion de les dépouiller de toutes leurs prétentions à la suite, comme il a voulu le prouver par sa seconde proposition, qu'il a tâché d'établir aux pag. 21 & 22 de son Imprimé.

J'observerai encore qu'à cette époque du mois d'Août 1750, j'étois déja âgé de dix-neuf ans, & assez instruit dans les affaires pour que mon Oncle eut pu me faire part, *comme aîné de ma famille*, de ce qui se paſſoit rélativement à la ſucceſſion de mon Père ; je demeurois à Lunéville depuis près de deux ans, je n'étois donc pas trop éloigné de lui ; mais il ne jugea pas à propos de m'inſtruire de la moindre choſe, cela eut peut-être dérangé ſes projets.

J'ai dejà remarqué précédemment que notre Adverſaire étant perſuadé que le Gagnage de Sartes ne pouvoit être entamé par *ſa donation à cauſe de nôces*, qui n'avoit pas même été enrégiſtrée au Greffe de Pontpierre, d'où dépend ce territoire, il avoit déjà fait vendre en 1737, moitié de ce Gagnage pour acquitter les dettes auxquelles il avoit donné lieu perſonnellement. En ſorte que dans la circonſtance favorable qui ſe préſenta au mois d'Août 1750, par cette lettre qui lui fut adreſſée le 20 dudit mois, *à raiſon de la dette des Cordeliers* ; il ſaiſit cette occaſion pour ſe débarraſſer du reſtant de ce Gagnage ſous le prétexte, ſuivant lui indiſpenſable, d'acquitter au nom de M. de Bourgongne père, comme caution de ſon Gendre, une dette qui devoit être payée par privilége *ſur le prix d'une Maiſon* conſidérable, & d'une *Vigne de cinq quarts* ſituée dans l'un des meilleurs cantons du Vignoble de Neufchâteau.

Ce privilége fut laiſſé de côté, *il falloit tout abſorber & ne rien laiſſer aux Enfans de la Sœur aînée de notre Adverſaire, après le décès de leur Ayeul*; on ſe hâta donc de conſommer la dernière vente de ce Gagnage de Sartes, pour ne laiſſer exiſter que celui ſitué à Auzainvilliers que notre Oncle convoitoit depuis long-temps, & dont il s'eſt emparé depuis trente ans, *ſans bourſe délier*, comme je le démontrerai ci-après.

N.².

Vente de ce qui
reſtoit du Gagnage
de Sartes.

Voici la ſuite des opérations les plus ſérieuſes confiées à la D^{lle}. de Braux, par notre Adverſaire.

Elle avoit fait vendre *les vieux meubles* au mois de Mai 1750, *& avoit envoyé le meilleur à Nancy*; elle fut occupée pendant le mois de Novembre ſuivant à chercher un marchand pour le reſtant de ce Gagnage de Sartes ; enfin elle écrivit à Nancy qu'elle avoit ar-

D

rêté le prix *à neuf cent francs Barrois la paire*, avec le S[r]. Maire.

13 Nov. 1750. D'après cet avis M[e]. de Bourgongne ne manqua pas d'engager M. fon Père à confentir à cette vente; & à cet effet le 23 dudit mois de Novembre 1750, il écrivit lui-même le pouvoir de paffer Contrat au profit dudit S[r]. Maire, pour le prix fixé par fon Agente.

Ce Pouvoir fut adreffé de Nancy au S[r]. Thouvenot, Notaire à Neufchâteau, & cet Acte *fous feing-privé* fut figné de M. de Bourgongne père, qui demeuroit *chez fon Fils depuis le 3 Avril précédent*; ainfi on n'eut pas de peine à déterminer ce Vieillard facile, qui ne connoiffoit rien dans les affaires, & il fut aifé de lui faire croire ce qu'on voulut. La fuite fera connoître le vrai de ce qui vient d'être dit.

Neuf jours après la date de ce Pouvoir, c'eft à dire le 2 Dé-2 Décemb. 1750. cembre fuivant, cette vente fut rédigée authentiquement par le Notaire qui avoit été fondé de pouvoir pour y parvenir, & le prix de cette dernière partie de Gagnage de Sartes produifit une fomme de *deux mille quatre cent cinquante-quatre livres dix fols*, tant en principal que vins, qui fut payée à l'inftant à M[e]. Thouvenot, Notaire, fuivant la ftipulation du Contrat; » Au » moyen de quoi, eft-il dit, ledit S[r]. de Bourgongne ratifiera » la préfente vente, & obligera pour la garantie d'icelle tous » fes autres Biens, laquelle garantie fera, comme dit eft, quant » au gros & non quant au détail; *& donne ledit Sr. de Bour-*N[ra]. » *gongne pour caution & garant de la préfente vente, le Sr. de* » *Bourgongne, Avocat à la Cour Souveraine de Lorraine &* » *Barrois, fon Fils.*

Cette caution ne fut exigée de la part de l'Acquéreur, que parcequ'il avoit connoiffance de la donation de 1736, qui avoit été infinuée & revêtue de toutes les formalités; il paroît même que l'Acquéreur craignoit d'être recherché par les autres cohéritiers, au profit de qui cette donation avoit été faite.

Après cette vente M^e. de Bourgongne fils écrivit *encore lui-même* un autre billet *sous seing-privé*, le 28 dudit mois de Décembre 1750, conçu en ces termes : » Je soussigné déclare, » après avoir pris communication du Contrat de vente passé à » mon nom par M^e. Hubert Thouvenot, Avocat à la Cour & » Tabellion général à Neufchâteau, au profit de Nicolas-Fran- » çois Maire, Bourgeois du même lieu, le 2 du présent mois ; » *en vertu de ma procuration du 23 Novembre dernier*, que j'agrée » & ratifie la même vente ; *je déclare aussi que Me. Thouvenot* » *m'en a remis le prix montant à la somme de deux mille quatre* » *cent cinquante - quatre livres dix sols*, & consent que les pré- » sentes soient jointes à la minute du même Contrat, tant pour » sûreté de l'Acquéreur, que pour la décharge dudit M^e. Thou- » venot. A Nancy, &c. Signé, de Bourgongne.

A ce billet il en joignit encore un autre *sous seing-privé*, écrit aussi de sa main, conçu en ces termes : » Je soussigné Charles- » François de Bourgongne, Ecuyer, Avocat à la Cour, demeu- » rant à Nancy, déclare qu'après avoir pris communication d'un » Contrat de vente passé au nom de mon Père le 2 du présent » mois, au profit de Nicolas-François Maire, Bourgeois de Neuf- » château, du tiers moins un vingt-deuxième, dans un Gagnage » situé à Sartes ; *que je consens de demeurer caution & garant* » *envers l'Acquéreur* de ce tiers moins un vingt-deuxième, & ce » en exécution de la clause inférée au même Contrat. Nancy ce » 28 Décembre 1750. Signé, de Bourgongne.

Ces deux Actes furent joints à la minute du Contrat de vente, le 20 Janvier 1751, suivant la note en marge de cet Acte.

On voit donc par le premier Acte signé de M. de Bourgongne père, qu'il ratifie par un Acte *sous seing-privé*, la vente d'un Bien-fonds, à raison de laquelle il avoit aussi donné un pouvoir *sous seing-privé*, le 23 Novembre précédent ; cette observation seule suffiroit pour faire déclarer cette vente nulle en la forme, *car on*

28 dudit mois.

N^a.

Idem 28 Décemb. 1750.

20 Janvier 1751.

Moyens contre la ratification de cette dernière Vente.

N^a.

ne peut aliéner des fonds par des *Actes de cette nature*. Il faut qu'ils foient rédigés en forme authentique dans la quinzaine, *à peine de nullité*, fuivant les Edits & Règlemens concernant la tranflation de propriété des Immeubles.

Mais ce qu'il y a encore de plus faux & de plus fuppofé dans cette ratification de vente, c'eft la déclaration qu'on fait faire à M. de Bourgongne père ; il y eft écrit *que Me. Thouvenot lui a remis le prix de cette vente, montant à 2454 liv. 10 fols :* Je vais adminiftrer des preuves litterales de la fauffeté de cette ftipulation ; elles feront connoître évidemment quelle étoit la facilité de M. de Bourgongne père à foufcrire tout ce que fon Fils lui préfentoit à figner, & il le faifoit fans aucune connoiffance de caufe.

Cette preuve confifte, 1°. *Dans une lettre adreffée à notre Oncle* par M^e. Thouvenot, Notaire, datée de Neufchâteau, le 10 Décembre 1750, huit jours après la vente faite le 2 dudit mois, piéce 9e. de la liaffe de 20, produite par notre Adverfaire. Cette lettre confirme encore les opérations confiées à la D^{lle}. de Braux, au fujet de cette vente, elle eft conçue en ces termes.

» Monfieur, vous avez été averti *par Mlle. de Braux* de la vente
» du Bien de Sartes pour la fomme de deux mille quatre cent
» cinquante-quatre livres dix fols, *que l'Acquéreur a payé & remis*
» *à la D^{lle}. de Braux, laquelle j'ai prié de s'en charger, de même*
» *que des canons de la préfente année,* qui ont été vendus *fep-*
» *tante-deux livres;* J'ai cru devoir vous envoyer copie du Con-
» trat que j'en ai paffé, afin que vous & M. votre Père, vous
» rempliffiez les engagemens auxquels je me fuis engagé en vos
» noms; *vous le pourrez faire par un Acte en forme* que vous
» m'enverrez pour être joint à la minute; je vous prie de faire
» inférer dans cet Acte *que je vous ai remis les deniers que j'ai*
» *touché;* l'on ne peut à préfent délivrer de l'argent *aux Corde-*
» *liers,* il faut attendre après la diftribution qui doit fe faire

» inceffamment; *de même que dans les endroits que Madame de*
» *Bourgongne lui a indiqué ;* après quoi elle vous enverra le furplus.
» Quant à moi je vous prie de ni pas penfer, &c.

Une autre piéce encore importante qui fait également la preuve
que M. de Bourgongne père n'a jamais rien touché du prix de la
vente dont il s'agit, c'eft la piéce 10ᵉ. de la même liaffe de 20,
produite par notre Oncle lui-même ; c'eft encore une lettre qui
lui eft adreffée de Neufchâteau le 15 Janvier 1751, par la fufdite
Dᴵᴵᵉ. de Braux, dans laquelle, après un long préambule, cette
femme, *qui fait la très-entendue*, ajoute, en parlant des Pères
Cordeliers : » Je leur ai compté feize cent livres en capital, &
» cent foixante-cinq livres qui leur étoient dûes des rentes qui
» font portées par l'obligation *que vous verrez par le mémoire*
» *que je vous envoye ci joint*, avec les piéces que l'on m'a rendu.
Au bas de cette lettre la Dᴵᴵᵉ. de Braux, agente, dit : » Je vous
» envoie par Madame Collenel la fomme *de trois cent cinquante-*
» *fix livres quatre fols*, qui eft le reftant du Bien vendu, &
» du revenu du canon qui étoit entre les mains du Sʳ. Thou-
» venot, comme il eft porté par le mémoire que je vous envoie.
Il eft donc inconteftable que M. de Bourgongne père *n'a pas touché*
un fol du prix de cette Vente, qu'il n'a rien fait de fon chef, que fon
Fils a tout fait lui-même perfonnellement ; *qu'enfuite du cautionne-*
ment, que celui-ci avoit prêté pour opérer cette feconde Vente,
fon agente, ainfi que le Notaire, lui ont rendu compte de tout le
produit, même du dernier canon ; conféquemment il eft garant du
tout envers fes cohéritiers.

Cette agente a donc arrangé l'objet du mobilier & de cette partie
d'Immeubles vendus, ainfi que le canon, fur les indications & les
ordres de fon commettant. Elle lui marque même dans cette lettre :
» J'ai fait mettre le reçu *au nom de M. de Bourgongne comme cau-*
» *tion, dont les Cordeliers le fubrogent dans leurs droits & hypo-*
» *thèques.* « Il falloit donc, en vertu de cette fubrogation, *que cet*

Hic.

15 Janvier 1751.

Nᵒ 1.

Preuve littérale de
ce que Mᵉ. de Bour-
gongne, Avocat, a
touché de cette ven-
te.

agent principal fît valloir le privilège qui réfultoit à ces créanciers, en vertu de leurs titres, *dès qu'il étoit chargé des piéces dont il ne s'eſt pas déſaiſi de puis plus de trente-cinqans ;* il n'a cependant pas fait la moin dredémarche à ce ſujet. Il eſt donc encore garant à tous égards de la preſcription qu'il a laiſſé acquérir pour cet objet ; *enſorte qu'il peut rayer cet article de ſes prétentions contre ſes Neveux.*

J'ai prouvé par mes écritures au procès, d'après les pièces de la Partie adverſe, & en ſe fixant ſur les quittances produites, que non-ſeulement Mᵉ. de Bourgongne avoit reçu de la Dlle. de Braux, par les mains de la Dame Collenel, les 356 liv. 14 ſ. rappelés en la lettre ci-deſſus, pour reſtant du principal de la Vente & du canon ; mais encore que cette agente avoit employé au parde-là une ſomme *de deux cent cinquate-une livre quatre ſols un denier, dans les endroits qui lui avoient été indiqués par la Dame de Bourgongne première épouſe de notre Adverſaire,* ainſi qu'il eſt énoncé dans la lettre de Mᵉ. Thouvenot, Notaire ; à l'endroit marqué *hic ;* tous ces objets étoient encore rappelé & détaillés *au mémoire* de la Dlle. de Braux, qu'elle avoit joint à ſa lettre.

Mᵉ. de Bourgongne n'a pas jugé à propos juſqu'à préſent de re-préſenter *ce mémoire,* quoiqu'il ait été ſommé par différens actes de le communiquer ; en conſéquence de ce refus j'ai ſoutenu par mes écri-tures, qu'il étoit comptable à cet égard *de ſix cent ſept livres dix-huit ſous un denier,* faiſant le montant des deux objets dont il vient d'être parlé, outre les intérêts échus depuis le décès de M. de Bourgongne père ; ce qui, avec le capital, forme une ſomme de neuf cent onze livres dix-ſept ſous un denier, cy . . . . . 911 l. 17 ſ. 1 d.

Il doit encore être garant envers ſes cohétiers, comme je l'ai dit, d'une ſomme de dix-neuf cent dix-huit livres, *indûment payée,* & employée à acquitter la créance des Pères Cordeliers de Neufchâteau, *qui auroit dûe être acquittée par privilége ſur le prix provenant de la Maiſon & de la Vigne qui leur étoient affectées à l'exclufion d'autres créanciers,* ainſi que je l'ai fai connoître précédemment. Les inté-

rêts de cette fomme doivent encore être rapportés par notre Adverfaire, à raifon de dix années, comme pour les objets précédens, lefquels joints au principal, forment un total de deux mille huit cent
foixante-dix-fept livres, cy . . . . 2877 l. o f. o d.

M^e. de Bourgongne peut d'autant moins fe refufer à rapporter en
maffe la derniere fomme dont il vient d'être parlé, que la Vente qu'il
a fait faire, & dont il s'eft rendu caution, *étant nulle à tous égards*
en la forme, comme je l'ai obfervé précédemment, *& ayant été faite*
à vil prix, on pourroit évincer l'acquéreur, qui auroit fon recours
contre lui, d'après *fon billet de cautionnement* & de garantie rappelé ci-devant ; il eft donc fort heureux fi l'on ne prend pas
cette voie pour opérer l'éviction de cet acquéreur, qui a été
choifi par la Dlle. de Braux fon agente.

Dans le tableau particulier qui fera fait de tous les objets à la charge
de notre Adverfaire, on pourra encore y ajouter plus *de cinquante*
louis, qu'il a fait dépenfer à fon Père, quelque temps après fon
mariage, pour payer les frais des *Lettres de réhabilitation* qui ont été
obtenues à fa follicitation, au nom de fon Père, pour rendre à ce Fils
aîné, ainfi qu'à fon Frère, Capitaine en Allemagne, la nobleffe à
laquelle ce Père & Ayeul commun avoit dérogé, comme je l'ai dit,
par l'état de Marchand, qu'il avoit embraffé lors de fon premier mariage, pour fe mettre à même d'élever fa famille, qui commençoit à
devenir confidérable.

M^e. de Bourgongne a été fommé de repréfenter les titres de la
famille, *pour connoître la date de cette dernière piéce*, cela forme même
l'un des chefs de la demande principale du 10 Janvier 1785 ; mais il
n'a pas été poffible de l'y déterminer jufqu'à préfent. Il parle cependant de ces Lettres de réhabilitation dans l'une de fes miffives
adreffée à feu M. Baudel, l'un de nos Parens, le 10 Mars 1756.
Piéce 4e. de l'une de fes liaffes de 13 piéces.

Ces Enfans mâles étoient devenus roturiers par cette dérogeance ;
il fallut y remédier, mais ce fut aux frais de la famille ; cette fomme

a été payée depuis & lors du mariage de la seconde épouse, *à ce que l'exposant a appris dans le temps*. Feu ma Mère n'avoit pas besoin de cette réhabilitation, non plus que la Dlle. sa Sœur ; il seroit donc naturel que les Frères indemnisassent les Enfans de cette Sœur aînée. Mais bien loin de-là, l'aîné des Fils veut me priver, ainsi que mes Freres & Sœurs de ce que nous avons droit de prétendre dans les Biens de notre Ayeul, à la représentation de notre Mere. Qu'il est peu équitable dans ses procédés ! Je me réserve d'en donner encore d'autres preuves à la suite.

D'après ce qui vient d'être détaillé des opérations de notre Adversaire & de son agente, depuis le 2 du mois de Mai 1750 jusqu'au mois de Janvier 1751, on voit que ce Fils aîné est comptable de sommes considérables envers ses cohéritiers. Il est donc supposé » *qu'au décès de M. de Bourgongne père il avoit épuisé sa fortune* » *plusieurs années auparavant*, « ainsi qu'il l'a fait imprimer à la page 17e. de son Mémoire.

Il est à remarquer aussi qu'à la page 10e. de cet Imprimé l'Adversaire a cru devoir y insérer une supposition qu'il n'a pu appuyer d'aucune pièce justificative, & il croît devoir être cru en assurant » *que* » *feu les Sieur & Dame Hennequin, bien que simples usufruitiers de* » *quatre paires par leur Contrat de Mariage, avoient fait la Vente* » *du fonds.* « Il n'a pas été possible d'engager M^e. de Bourgongne à représenter copie de cette prétendue Vente ; je n'ai même pu la découvrir chez les Notaires de Neufchâteau ni au Contrôle, nonobstant mes recherches à ce sujet : *Il met cependant encore cet objet à la charge de ses Neveux*, à la page 21 de cet Imprimé, dont le contenu sera réfuté à la suite.

Il s'agit maintenant de passer au chef-d'œuvre imaginé par notre Adversaire pour se mettre à couvert des justes répétitions qui viennent de lui être faites.

Il ne pouvoit se dissimuler que d'après la Vente faite en 1737 pour payer les dettes auxquelles il avoit donné lieu par son Mariage ; d'a-

Mai 1750 & Janvier 1751.

Page 17.

Page 10.

Page 21.

Ibid.

près la vente des vieux meubles portés en l'exploit du 2 Mai 1750 , dont son agente avoit touché le prix, qu'elle avoit ensuite passé à son commettant; lui ayant encore compté de ce qui restoit du prix de la dernière vente du Gagnage de Sartes , faite le 2 Décembre de ladite année 1750 , outre ce qui avoit été payé par cette Agente , *dans les endroits qui lui avoient été indiqués par Madame de Bourgongne ;* enfin d'après ce qu'il avoit indûment fait acquitter, sur cette partie, pour la créance des Pères Cordeliers de Neufchâteau , détaillé en la lettre de la susdite Dlle. de Braux du 15 Janvier 1751 , & par le mémoire qui étoit joint à cette lettre. M^e. de Bourgongne ayant réfléchi *qu'il pourroit être recherché à cet égard s'il ne prenoit des précautions sur le tout,* il dressa ses batteries à ce sujet, pour, d'un coup de plume, se faire décharger de la totalité de ces objets.

15 Janvier 1751.

Il avoit déja fait donner très-facilement par M. son Père deux signatures essentielles, quelques mois auparavant. * Devenu maître de l'esprit de ce Vieillard, il ne lui restoit plus qu'une troisième signature à obtenir; mais elle étoit de la plus grande conséquence pour lui; il fallut y mettre de l'appareil & *engager un Parent & un Magistrat respectable à tous égards,* à y donner la sanction la plus forte *par sa présence & par sa signature.* En sorte que dans les quinze jours qui s'écoulèrent depuis la date de la dernière lettre de la Dlle. de Braux, rappelée ci-devant, jusqu'au 1er. Février 1751 , notre Oncle composa un Traité sous seing-privé, dont il a donné les clauses à la page 11e. de son Imprimé, mais il n'en a pas donné les motifs : Je vais les copier mot à mot.

1 Février 1751.

Page 11.

Il y est dit : » Le S^r. François-Dominique de Bourgongne, Écuyer, » *demeurant à Nancy,* & le S^r. Charles-François de Bourgongne son » fils, Avocat à la Cour, demeurant au même lieu, *voulant préve-* » *nir les difficultés qui pourroient s'élever à la suite,* à l'occasion du

Premiers Moyens pour opérer la nullité de cet Acte sous seing-privé.

---

* Le Pouvoir du 23 Novembre 1750 & la ratification du 28 Décembre suivant, à raison de la Vente de ce qui restoit du Gagnage de *Sartes.*

» *Contrat de Mariage* du S^r. Charles-François de Bourgongne ; du
» prix de la vente des *meubles ;* & du tiers dans *un Gagnage* fitué fur
» le Ban *deSartes*, appartenant au S^r. François-Dominique de Bour-
» gongne ; & régler *la penfion de ce dernier :* ils font convenus des
» articles fuivans, *en préfence de M. Jean-Baptifte Collenel, Chevalier,*
» *Confeiller en la Cour Souveraine de Lorraine & Barrois , leur Parent.*

Il étoit donc queftion de régler par cet Acte quatre objets im-
portans ; on voit que les vues de notre Oncle s'étendoient fort loin. Il
prétendoit, *en premier lieu*, détruire ce qui réfultoit de fon Contrat de
Mariage, paffé en Janvier 1736, plus de quinze années avant cet Acte
fous feing-privé du 1er. Février 1751, & par des déclarations pofté-
rieures ; il croyoit parvenir encore à éluder ce qui réfultoit de l'Acte
tutélaire du 17 Décembre 1737, *à raifon du détail des dettes auxquelles*
il avoit donné lieu perfonnellement par fon Mariage, contracté près de
deux années auparavant ; ces dettes avoient été acquittées du prix de
la Vente faite à ce fujet le 23 dudit mois de Décembre 1737. Enfin il
vouloit fe faire décharger de tout ce qu'il avoit perçu , tant du prix
des meubles que de celui des Fonds.

M. Collenel ignoroit tous ces Actes , dont j'ai été obligé de lever
des expéditions, pour faire valoir nos droits, & détruire les fuppofitions contenues dans le premier article de cet Acte fous-feing privé ,
dans lequel il eft écrit de la main de notre Adverfaire : » que fon
» Père ne lui a donné ni habits, ni meubles , ni livres, & que cette
» claufe n'a été écrite que pour l'honneur du Contrat. « J'ai déja
difcuté cette première partie, & j'employe mes obfervations à cet
égard , pour ne pas ufer de redites.

En ce qui concerne le fecond article de cet Acte ; il fe trouve
également détruit par le détail que je viens de faire des opérations
de M^e. de Bourgongne & de fon agente : Au furplus j'ai offert, dans
mes écritures, de prouver que les autres meubles non compris
dans l'exploit du 2 Mai 1750, confiftans » *en linges de ménage, ar-*
» *moires , lits, argenterie & autres effets les plus précieux*, avoient

» été tranſportés de Neufchâteau à cette époque, & conduits à
» Nancy, lors du premier voyage de notre Ayeul chez ſon Fils,
» au 3 Avril 1750. « *Tous ces objets n'étoient donc pas vendus,* N^a.
ainſi que le Défendeur l'a ſuppoſé dans l'article ſecond de cet Acte
ſous ſeing-privé; on y remarque encore qu'il n'eſt pas dit un mot
dans cet article 2ᵉ. des vingt paires de *canon du Gagnage d'Au-*
ʒainvilliers, qui avoit été délivré à Nancy, à la St. Martin de l'année 1750, non plus que des *ſoixante & douʒe livres* perçus pour
reſtant du canon du Gagnage de Sartes, dont la Dlle. de Braux avoit
rendu compte. Il y eſt ſeulement dit que le Sʳ. de Bourgongne » *a vendu*
» *ſes meubles* & ce qui lui reſtoit du Gagnage de Sartes, & *que le prix*
» *qui eſt provenu de ces Ventes a été employé à payer ſes dettes.*

J'ai prouvé le contraire précédemment, en faiſant connoître que
Mᵉ. de Bourgongne fils a diſpoſé d'une partie des déniers, & qu'il
a touché le ſurplus du prix de cette ſeconde Vente; il ne lui a pas été
poſſible d'indiquer d'autre prétendue dette, que celle des Peres Cordeliers de Neufchâteau, qui a été indûment acquittée ſur les deniers dont
il s'agit, *de l'ordre du Défendeur;* tandis qu'elle devoit être payée par
privilége ſur d'autres parties de Biens, ainſi que je l'ai démontré. J'ai
enſuite prouvé que l'Adverſaire étoit comptable, non-ſeulement de
cette dernière partie, envers ſes cohéritiers, mais encore de ce qu'il
avoit touché du prix de cette ſeconde Vente. Il réſulte donc de ce
qui vient d'être dit, que les expreſſions contenues en ce ſecond article, ſont abſolument ſuppoſées, étant contraires au vrai, & à ce
qui eſt contenu dans les piéces qu'il a produit lui-même.

Il reſte actuellement à diſcuter les deux principaux articles de   Autres Moyens
cet Acte ſous ſeing-privé, qui ſont les 3ᵉ. & 4ᵉ. avec leſquels notre   contre les deux der-
Adverſaire croit s'être procuré des moyens ſuffiſans pour s'emparer   niers Articles de cet
impunément du plus beau Bien de la famille, qu'il a toujours con-   Acte ſous ſeing-
voité, & dont il jouit injuſtement depuis le mois de Février   privé, à la nullité
1756, en vertu d'un prétendu Contrat de vente qu'il nous a op-   duquel il a été con-
poſé. Il a cru pouvoir encore faire ajouter dans la ſtipulation de   clu incidemment.

cette prétendue aliénation, que l'autre moitié de ce Bien lui apparte-tenoit, d'après la troifième claufe de fon Contrat de mariage, *à raifon de fa donation à caufe de nôces, quoique cet Acte n'ait pas été infinué avec toutes les formalités voulues par l'Édit*; & il a cru par-là pouvoir opérer en fa faveur *un titre coloré* qui put lui affurer la propriété du furplus du Gagnage d'Auzainvilliers, dont on a offert depuis long-temps une fomme de *trente mille livres de prix principal.*

A la fimple lecture des deux derniers articles de cet Acte fous feing-privé du 1er. Février 1751, on n'auroit jamais imaginé que notre Adverfaire ait pu fe créer des fommes auffi fortes, que celles qu'il pro-pofe, pour fe conferver la propriété de ce Bien confidérable. C'eft en fe fixant fur la vileté du prix de fa prétendue acquifition de 1756, & d'après le calcul de la penfion qu'il répéte pour fon Père & pour la Dlle. fa Sœur, qu'il n'a pas craint, enfuite de cette opération, d'affurer à la page 17e. de fon Imprimé, » *qu'à ce moyen la fortune du Sieur de* » *Bourgongne fut épuifée plufieurs années avant fa mort.* » En forte que par le calcul volumineux qu'il a fouré dans fes écritures fignifiées le 15 Novembre 1785, depuis le fol. 43e. jufqu'au 52e. inclufivement, il croit prouver qu'en 1759, au 28 Juillet, il reftoit très-peu de chofe de la valeur de ce Gagnage, qu'il a fixé arbi-trairement à neuf mille livres pour la totalité ; il a même cru avoir démontré qu'il ne reftoit plus, à cette époque de 1759, qu'une modique fomme de *cent trente-une livres quatorze fols;* » que » conféquemment il avoit payé, & au-delà, le prix de ce Bien » plufieurs années avant la mort de fon Père, décédé au 10 Novembre » 1776.

Ce qu'il y a de remarquable dans ce calcul, c'eft que par le pre-mier article, le Défendeur commence à déduire *huit cent livres* pour la penfion du Père & de la Fille, dès le 28 Juillet 1757, tandis qu'à la page 15e. de fon Imprimé, ainfi que dans fes écritures, il a dit » *que* » *ce fut quelque temps après le mois de Juillet 1757, que le Sieur de* » *Bourgongne père & la Dlle. Théréfe fa fille revinrent à Nancy;*

» *qu'ils résidèrent chez Me. de Bourgongne, & furent plus que jamais*
» *à sa charge.* « On voit donc qu'il faisoit payer les pensions d'a-
vance, puisque cette pension n'étoit exigible qu'en 1758, vers le
mois d'Août, après l'anné révolue.

Il y a plus, je lui ai observé, & *même prouvé par ses propres
piéces*, qu'à cette époque la Dlle. Thérèse sa Sœur étoit *pensionnaire* au Couvent de Saint-Nicolas, *à deux cent cinquante livres*
par année, dont elle payoit la plus forte partie, ainsi que ce
qui étoit nécessaire à son entretien, avec le prix des ouvrages qui lui
étoient fournis du dehors; j'ai même offert de prouver cette dernière
allégation; je lui observé aussi que cette Demoiselle étoit restée près
de dix années dans ce Couvent, la preuve littérale en existe actuellement au procès. L'Adversaire a donné pour toute réponse à ce
qui vient d'être dit, » *que dans le temps qu'il faisoit bâtir, &*
» *qu'il n'avoit pas de logement en suffisance, il mit la Dlle. sa*
» *Sœur, pendant quelque temps, en pension à Saint-Nicolas;* » il
ajoute, » *mais en vérité c'est se rabattre sur bien peu de chose;*
» *qu'importe en effet qu'il ait cessé de l'avoir pendant quelque temps*
» *chez lui, en payoit-il moins sa pension, &c.* « Ce sont les
propres termes de ses écritures signifiées le 20 Mars dernier, fol.
30ᵉ. Voilà comme il passe légerement sur les plus fortes objections.

Avant d'aller plus loin il est bon de rappeler le contenu en ces
deux derniers articles du prétendu Traité de nourriture *écrit
par notre Adversaire* ledit jour 1ᵉʳ. Février 1751. Il est dit à l'article 3ᵉ. en parlant de M. de Bourgongne père, » il promet
» de payer annuellement à son Fils, à commencer dès le 3 Avril
» 1750, jour de son entrée chez lui, *une somme de quatre cent*
» *livres pour sa nourriture & son entretien ordinaire*, dans lequel
» entretien ne seront compris les linges, ni habits neufs, non plus
» que les sommes qui seront délivrées aux Médecins, Chirurgiens
» & Apoticaires en cas de maladie.

Fol. 30 des écri-
tures signifiées par
le Défendeur, le 20
Mars 1786.

Article 3 du pré-
tendu Traité de
nourriture.

Article 4e.

Il eſt dit enſuite au 4e. & dernier article, » M^e. de Bourgongne » percevra annuellement le canon du Gagnage ſitué à Auzain-» villiers, *qui eſt de vingt paires*, & qui forme tout le revenu du » S^r. de Bourgongne, ſur lequel il payera la penſion & entretien » de la D^{lle}. Théreſe de Bourgongne ſa Sœur, *& retiendra le ſur-» plus à compte des quatre cent livres qui lui ſont accordées pour » la penſion de ſon Père.* « Il a eu ſoin de faire imprimer en lettres italiques ces mots *à compte*, parceque cette expreſſion lui paroît très-avantageuſe pour établir ſon ſyſtème de libéra-tion.

Notre Adverſaire dit au bas de la page 11e. de ſon Imprimé.

Pag. 11 & 12.

» *que M. Collenel notre Parent ſigna cet Acte* & en reçu un dou-ble. « Mais ce double n'exiſte plus & a été ſupprimé depuis long-temps. Il dit enſuite à la page 12e. » *que le projet de ſon » Père étoit de réſider déſormais chez ſon Fils*; « mais il accuſe » feu ma Mère, ſa Sœur aînée » *d'avoir fait tous ſes efforts » pour faire revenir ſon Père à Neufchâteau.* « Il en donne pour raiſon » *que cette Veuve étoit reſtée* avec dix enfans, & étoit » abſolument ſans reſſource ; *que ſi ſon Père habitoit le même lieu » qu'elle, elle pourroit en recevoir journellement des ſecours.*

Il auroit pu ſe diſpenſer de faire voir ſa bonne volonté pour ſa Sœur, & ne pas montrer l'humeur qu'il avoit conçu contre elle, de ce que ſon Pere étoit revenu à Neufchâteau.

Je lui ai dit précédemment qu'en 1749 j'avois été placé à Lu-néville, & mon Frere cadet à Paris ; ainſi ſa Sœur n'avoit pas alors dix Enfans comme il le ſuppoſe ; mes Sœurs aînées travail-loient avec leur Mere ; & depuis mon mariage contracté au mois d'Août 1752, j'ai pris chez moi mes autres Frères ſucceſſi-vement, *ſans qu'il leur ait couté un ſol* ; je les ai inſtruit dans l'écriture & la pratique, juſqu'à ce qu'ils ſont partis pour joindre leur autre Frere à Paris ; j'ai eu également mes Sœurs quelque temps chez moi, ainſi que feu ma Mere ; & ſi je ne jouis pas actuellement d'un bien-être rélatif au travail où je me suis livré, à défaut d'autres reſſources pour élever & placer ma famille, je puis dire que les ſoins & les ſecours que j'ai été obligé de prêter à mes autres Freres, ont diminué mes facultés; & bien loin que Me de Bourgongne notre Oncle puiſſe ſe flater » d'avoir été le ſou- » tien & l'appui des autres individus de la famille de ſa Sœur, » j'en ai ſeul porté tout le poids.

Il eſt vrai que pour faciliter le départ de mes autres Freres, que cet Oncle vouloit dépayſer, il peut leur avoir fait préſent de douze ou dix-huit francs ; voilà tout ce qu'il peut leur reprocher. Il en tire la preuve d'une liaſſe de vingt-ſix lettres, dont quatorze lui ſont écrites pour la nouvelle année ; il y en a deux ſeulement où il paroît qu'il a fait préſent de huit chemiſes à l'un de mes Freres qu'il avoit affectionné particulièrement ; on y voit auſſi qu'il avoit donné un viel habit, pour un autre, avant ſon départ. Voilà ce qui réſulte de cette collection qu'il auroit pu ſe diſpenſer de conſerver ſi ſoigneuſement. On lui fera état de cet objet s'il l'exige.

Ce qu'il y a de certain, c'eſt que celui qui lui a adreſſé la lettre du 11 Janvier 1765, imprimée aux pages 25.e & 26.e de ſon Mémoire, eſt le même qui, de ſon aveu, à la page 3.e de cet Imprimé, » ménace Me. de Bourgongne de la protection du Roi de » Pruſſe, dont il eſt Receveur à Oppehen dans la Haute-Siléſie ; il le » menace auſſi de ſon Ambaſſadeur en France, « au cas que notre Adverſaire refuroit plus longtemps la juſtice qu'il doit à ſes Neveux. Il auroit donc encore pu ſe diſpenſer de faire cette remarque, qui ne lui eſt pas avantageuſe.

D'après cette diſgreſſion néceſſaire au développement de notre cauſe, il faut reprendre ce qui s'eſt paſſé rélativement à l'Acte ſous ſcing-privé du 1.er Février 1751, dont notre Adverſaire veut tirer le plus grand avantage. Il prétend même au bas de la page 11.e de ſon Mémoire, ci-devant citée, » que cet Acte contient pluſieurs vérités » précieuſes dont chacune aura ſon application à la ſuite ; « je lui ai cependant dejà fait connoître que les deux premiers articles étoient totalement remplis de fuppofitions prouvées par fes propres piéces. Je vais faire voir ce qui réfulte des deux dernières claufes de cet Acte.

On apperçoit dans le 3ᵉ. article de cet Acte une fixation exorbitante de la fomme de quatre cent livres pour la penfion de M. de Bourgongne pere, *eû égard à la façon avec laquelle il étoit traité chez fon Fils*. Il a eu la bonhomie d'imprimer à la page 36ᵉ. de fon Mémoire, les faits dont j'ai offert la preuve, relativement au bien-être de ce Vieillard refpectable, à qui le Défendeur prétend » *avoir tendu une* » *main fecourable ; l'ayant confervé chez lui dans un temps où il étoit* » *fans reffource, ayant pris foin de fa vieilleffe, & cherché à lui pro-* » *curer, jufqu'à fa mort, une exiftance heureufe.* « Ce font les termes employés de fa part à la page 24ᵉ. de fon Mémoire. La preuve des faits que j'ai pofé contrairement à fes allégations, montrera quelle étoit *cette main fecourable*, & quelle a été *l'exiftance heureufe* de ce malheureux Vieillard. D'après celà il verra s'il n'y a ni vérité ni vraifemblance dans ces faits,

J'ai encore rappelé dans mes écritures le détail des faits qui concernent la Dlle. Thérefe de Bourgongne ; fon Frere en rapporte quelques-uns, qu'il a morcelé. Mais comme cette Demoifelle vient de décéder, ces objets feront difcutés enfuite de l'inventaire qui doit être fait à la participation de tous les héritiers préfomptifs, d'après l'Acte fignifié à Mᵉ. de Bourgongne, le 29 Acût dernier.

J'ai obfervé dans mes écritures au Procès, que la fingularité des expreffions contenues au 4ᵉ. article de ce prétendu Traité de nourriture, devoit faire appercevoir *la furprife* la plus manifefte *contre ce Vieillard octogenaire* ; cependant le Défendeur voudroit en tirer les plus grands avantages en fa faveur.

En examinant mûrement cet article, on voit que dès cet inf-

Autres Moyens contre l'Acte fous feing - privé du 1 Février 1751.

Page 36.

Page 24.

tant M^e. de Bourgongne s'étoit ménagé l'occasion de devenir, ou plutôt de paroître en quelque sorte *créancier de son Pere*, quelques années après qu'il l'auroit retenu chez lui.

C'étoit inutilement qu'après la vente de ce qui restoit du Gagnage de Sartes, il avoit engagé ce Vieillard *à lui abandonner son Gagnage d'Auzainvilliers*; celui-ci n'ayant pas voulu y consentir, M^e. de Bourgongne avoit cru pouvoir y parvenir par une autre voye, & il croit sérieusement y être parvenu. Voici comme il en développe les moyens *à la page 17*. de son Imprimé, il avoit prétendu à la page précédente que la pension de quatre cent livres pour le Pere, & pareille somme pour la Fille, n'étant pas exorbitante, » *cela* » *formoit une somme de huit cent livres, dont il faisoit d'abord état* » *sur les rentes qu'il devoit à son Pere ; mais comme les rentes étoient* » *insuffisantes*, suivant lui, *le surplus s'imputoit sur le capital. Que* » *cette imputation* étoit juste & naturelle *Que d'abord elle étoit de* » *droit ; en second lieu, elle avoit été stipulée dans le Traité de* » *nourriture du 1er. Février 1751 ; car*, dit-il, *le Sr. de Bourgongne*, » *après y avoir dit qu'il abandonne à son Fils tout le revenu du Ga-* » *gnage d'Auzainvilliers, sur lequel il payera la pension & en-* » *tretien de sa Sœur, ajoute : & il retiendra le surplus à compte* » *des quatre cent livres qui lui sont accordées pour la pension de* » *son Pere.*

Il ajoute un peu plus bas : » *On fera bientôt voir qu'à ce moyen* » *la fortune du Sr. de Bourgongne fut épuisée plusieurs années* » *avant sa mort.* « C'étoit donc là l'unique but de ce Fils lors de la formation de cet Acte ; mais il est à espérer de l'équité de la Cour, que ses vues ne seront pas remplies de ce côté là. Je vais en déduire les motifs.

Premièrement. Il seroit contre le bon sens de penser *qu'avec vingt-paires de revenu un Vieillard tel que le Sr. de Bourgongne pere, n'ait pas eû de quoi vivre, & qu'il ait fallu toucher dans les fonds ;* il est vrai qu'à cet endroit de son Mémoire, qui vient

F

d'être rapporté, notre Adverſaire a paſſé ſous ſilence, les mots » *qui eſt de vingt paires;* » Et il ne parle que du revenu, & non du canon du Gagnage ſitué à Auzainvilliers; ſans doute qu'il avoit encore ſes raiſons pour cette prétermiſſion.

J'ai encore obſervé dans mes écritures que Mᵉ. de Bourgongne n'avoit offert à ma Sœur aînée *que dix paires par an*, pour ſe charger de la nourriture & entretien du Pere & de la Fille; j'ai ajouté que s'il en eut offert *douze* elle les eut accepté; j'ai poſé ce fait avec offre de le juſtifier; il n'y a répondu qu'en produiſant une lettre du Curé de Neufchâteau, ſon ami, datée du 24 Janvier 1756, qu'il a eu ſoin de faire imprimer, & d'en rapporter le contenu à la page 16ᵉ. de ſon Mémoire, pour prouver, ſuivant lui, » qu'il n'y avoit aucun endroit où l'on put prendre la » Dˡˡᵉ. Théreſe de Bourgongne, *même ſous la plus forte penſion.* « Ce Curé s'eſt trompé, puiſque l'année ſuivante elle fut placée à Saint-Nicolas, chez les Dames de la Congrégation, moyennant *deux cent cinquante livres* par année; j'ai encore offert la preuve de ce fait, qui eſt actuellement faite littéralement; cette Demoiſelle eſt reſtée dans ce Couvent près de dix années ſur ce pied. D'après cela que peut-on penſer de ce que cet Eccléſiaſtique dit ailleurs, & de ce qu'il a écrit en faveur de notre Adverſaire? Il faut recourir à ſa première lettre du 15 Décembre 1755, produite par Mᵉ. de Bourgongne, piéce 16ᵉ. de la liaſſe de 20 piéces.

Secondement. J'ai fait connoître qu'il n'étoit pas naturel de penſer que M. de Bourgongne pere ait entendu que la penſion de ſa Fille ſeroit payée avant la ſienne *ſur les vingt paires* de canon qu'on lui faiſoit abandonner par cette article 4ᵉ. On peut employer à cet-égard la maxime citée par l'Adverſaire lui-même, dans ſes écritures au procès, fol. 47ᵉ. v°. *Nemo liberalis, niſi liberatus.* Il étoit donc plus naturel de payer en premier lieu la penſion de M. de Bourgongne pere *ſur ces vingt paires de canon*, & de laisser le surplus pour la D^{lle}. sa Fille, qui en auroit compté à ses cohéritiers au décès du Pere & Ayeul commun; mais s'il en eut été ainsi cela n'auroit pas cadré avec les vues de ce Fils, qui ont été développées *en partie*, il n'y a qu'un instant

Troisièmement. J'ai encore dit que M. de Bourgongne pere *n'étoit pas obligé de nourrir la Dlle. sa Fille*, & encore moins d'absorber la valeur de tout son Bien *pour fournir à leur commune nourriture;* puisqu'en 1751, date de ce prétendu Traité, cette Demoiselle étoit âgée de trente-un an, étant née en 1720; au surplus, elle fournissoit par son travail à la plus forte partie de sa pension & de son entretien. J'ai encore offert de prouver ce fait, même depuis qu'elle a résidé chez son Frere.

Quatrièmement. J'ai enfin remarqué à cet égard par mes écritures, que si M. de Bourgongne pere avoit pu avoir connoissance, & s'il eut été instruit de ce qui étoit contenu dans cet article 4e. de l'Acte qu'on lui avoit fait souscrire en 1751, il n'étoit pas étonnant *qu'il eut retiré le double de cet Acte des mains de M. Collenel leur Parent, qui s'en étoit rendu dépositaire;* & qu'après l'avoir lacéré ou jetté au feu, il fut sorti de chez son Fils quelques mois après la formation de cet Acte, pour retourner à Neufchâteau.

Notre Adversaire avoue lui-même au fol. 18e. recto de ses premières écritures, » *que M. son Pere est sorti de chez lui au* » *mois de Novembre de ladite année 1751;* « il le dit encore à la page 12e. de son Imprimé; c'est ce qui fait connoître que cet Acte, & *ce prétendu Traité de nourriture n'a eu qu'un effet momentané*, & qu'il a été anéanti, notamment pour les deux dernières clauses, puisque le double du S^r. de Bourgongne pere n'existe plus & qu'il ne peut être représenté; cependant cette production eut été très-essentielle au cas particulier, *pour rendre cet Acte sinallagmatique.*

Il paroît donc que notre Adversaire n'a conservé son double,

Fol. 18, rect.

Page 12.

N.¹¹.

comme je l'ai dit dans mes écritures, que pour faire valoir, sans doute, à raison des deux 1ers. articles qui ne peuvent cependant être adoptés, *étant contraires aux piéces produites par le Défendeur.*

D'après ce qui vient d'être dit, eut-on jamais pu imaginer que Me. de Bourgongne fils ait encore voulu faire revivre cet Acte pour la fixation de la pension y énoncée, ainsi que pour la dernière clause inique qu'il avoit imaginé d'y insérer ? Comment auroit-on pu croire que l'idée lui fut venue de demander l'exécution de cet Acte, *sous prétexte que ce Pere facile étoit venu résider chez son Fils, six années après*, c'est-à-dire en 1757 ? Ces six années d'intervalle & d'inexécution, *même de suppression du double*, doivent donc suffire à tous égards pour annéantir cet Acte ; car quand bien même ce double eut été représenté dans ce temps, il eut fallu en 1757 y changer l'expression insérée dans cet article 4e. à raison de la perception que Me. de Bourgongne fils devoit faire annuellement du canon *de vingt paires*, attendu que par la prétendue acquisition de la moitié de ce Gagnage d'Auzainvilliers, du 26 Février 1756, ces paires, ainsi que les autres redevances en chappons & en chanvre *étoient converties en argent.* Les choses étant donc totalement changées à cet époque, *par le fait même de Me. de Bourgongne*, lors du second voyage de son Pere à Nancy au mois de Juillet ou Août 1757, plus de dix-sept mois après cette prétendue Vente de 1756 ; il falloit donc aussi changer les conventions, suivant la maxime : *Posteriora derogant prioribus.*

Page 15. L'Adversaire prétend cependant à la même page 15e. de son Imprimé, que lors du retour de son Père, & de la Dlle. Thérése sa Sœur, quelque temps après le 28 Juillet 1757, » *ce Traité de* » *nourriture, du 1 . Février 1751, qui avoit été suspendu pendant quel-* » *ques années, repris toute sa force.* » Il est bien beau d'abonder ainsi dans son fers, & on ne peut rien de plus habile que cette insidieuse observation. Il est cependant très-facile d'en appercevoir l'inconséquence.

Je me réserve, après avoir établi la nullité de la prétendue acquisition de moitié du Gagnage d'Auzainvilliers, d'exposer à mes Juges & aux yeux du public, la conduite de notre Adversaire pour se libérer du modique prix de cette Vente, & pour se faire réputer propriétaire du surplus du Bien de son Père, *sans qu'il lui en ait couté un sol.*

Il est donc actuellement question de passer à cette fameuse Vente, ou plûtot à la donation couverte du nom de Vente, que notre Adversaire a fait faire à son profit, & qu'il a surprise de la facilité de son Père, au préjudice de ses autres Frère & Sœurs, par l'Acte du 26 Février 1756. *Vente de moitié du Gagnage d'Auzainvilliers.*

26 Février 1756.

Avant d'entrer dans les détails nécessaires à ce sujet, il est bon d'observer, comme l'a dit Me. de Bourgongne, page 12e. de son Imprimé, » *Que ce fut vers le mois de Novembre 1751 que M. de Bour-* » *gongne pere partit pour Neufchâteau ;* « n'étant resté à Nancy que depuis le 3 Avril 1750 ; qu'il y fut attiré par son Fils, après la mort de sa seconde Epouse, décédée au mois de Mars précédent. On peut dire que l'Adversaire ne perdit pas un instant, *dans le court espace de dix-huit mois,* que son Pere fut son commensal, pour lui faire faire bien des opérations qui, à ce qu'il croit, doivent lui être très-vantageuses ; il voudroit même en inférer la ruine & la proscription de ses Neveux pour la succession de leur Aycul maternel. *Page 12.*

J'ai dit en premier lieu, qu'après sa sortie de Neufchâteau, on fit vendre une partie de ses meubles, par exploit du 2 Mai 1750, *dont il ne toucha pas un sol.* *2 Mai 1750.*

2°. On fit venir le surplus & ce qu'il y avoit de meilleur à Nancy, *dans le même temps,* après avoir placé la Dlle. Thérése de Bourgongne à Vaucouleur, au Couvent.

3°. A la St. Mattin 11 Novembre de la même année 1750, ce Fils fit payer au Fermier d'Auzainvilliers, le canon entier du Gagnage situé audit lieu, consistant *en vingt paires, trois chapons & six livres de chanvre.* *11 Novembre.*

4°. Le 23 du même mois de Novembre 1750, on fit donner à *23 dudit mois.*

M. de Bourgongne père un pouvoir pour vendre ce qui reſtoit du

Décemb. 1750. Gagnage de Sartes, qui fut vendu le 2 Décembre ſuivant, moyennant 2454 liv. 10 ſ. *outre le canon de cette partie*, qui fut encore vendu par le Notaire pour une modique ſomme de 72 liv. *dont ce reſpectable vieillard ne reçut pas également un ſol*, & dont cependant on lui fit donner quittance, pour le premier objet ſeulement, par un acte ſous ſeing-privé, portant la ratification de cette Vente, qu'on

2.ᵉ Décemb. même année 1750. lui fit ſigner *le 28 du même mois de Décembre*; & cela parcequ'on lui fit croire alors, que le tout avoit été employé à payer ſes dettes, quoique le contraire ſoit prouvé littéralement par les piéces 9 & 10 d'une liaſſe de 20 piéces, produite par le Défendeur.

1 Février 1751. 5°. Enfin on fit encore ſouſcrire à ce Pere facile & illétré, le fameux Traité de nourriture du 1ᵉʳ. Février 1751, dont je viens de diſcuter toutes les clauſes il n'y a qu'un inſtant.

Mᵉ. de Bourgongne devoit être content de toutes ces opérations multipliées, qui avoient été conſommées *dans le court eſpace de dix-huit mois*, comme je l'ai dit; mais celà ne rempliſſoit pas encore ſes vues. Il falloit qu'il obtint la *totalité du Gagnage d'Auzainvilliers en propriété*; car il croyoit ne pouvoir s'en approprier que moitié, *en vertu de la donation à cauſe de nôces contenue en ſon Contrat de mariage*, nonobſtant les défauts eſſentiels qui ſe rencontroient dans l'inſinuation de cet Acte. Il fallut donc patienter & intriguer de toutes les façons pour y parvenir.

J'ai déja remarqué qu'il avoit pris une bonne précaution contre ſon Père, dans la quatrième clauſe de ce chef-d'œuvre ſous ſeing-privé, du 1ᵉʳ. Février 1751; mais malheureuſement M. ſon Père s'en apperçut, *& retira ſon double, qu'il ſupprima dans ce temps*, car il ſortit quelques mois après de ſa très-chère penſion, pour retourner à Neufchâteau, où il fit reconduire les principaux meubles qu'il avoit fait tranſporter à Nancy.

Page 12. Notre Adverſaire dit à la page 12ᵉ. de ſon Imprimé, pour préparer les eſprits en ſa faveur : » *Que le nouveau ménage de ſon Pere*

» _étoit fort mal monté lorfqu'il revint à Neufchâteau_, _vers le_
» _mois de Novembre 1751._ « Il y refta cependant tranquille
pendant _près de fix années._ Le Défendeur ajoute auffi : » _Que dans_
» _ce court efpace de temps le Sieur de Bourgongne_, _comme on le fent_,
» _devoit faire beaucoup de dettes ; on conçoit_, ajoute-t-il, _que ni le_
» _revenu du Gagnage d'Auzainvilliers_, _ni les fecours que lui envoyoit_
» _Me. de Bourgongne ne fuffifoient pas à l'entretien de fa maifon_, _ni_
» _aux dépenfes que lui occafionnoit la Dame Hennequin ; auffi ce qui_
» _lui reftoit de fa fortune dépériffoit de jour en jour._ « On remarque
encore ici qu'il en veut toujours à fa Sœur aînée ; il ne peut dire deux
mots fans l'injurier, ainfi que fes Enfans.

Il fait auffi, dans cette 12e. page, des remarques fur ce que fon
Père avoit été obligé de faire pour l'aliénation de fes Biens avant
» 1736, _quoique_, fuivant lui, _ce refpectable Père fût fort à fon aife._ «
Il dit que dans ce temps, » _il avoit été obligé_, _pour fubfifter de_
» _vendre la meilleure partie de fes Fonds._ « M^c. de Bourgongne
croyoit fans doute, que fon Imprimé refteroit fans réplique, & que je
ne pourrois, par une réponfe fous la même forme, inftruire le public de la vérité, & démontrer _les fuppofitions fans nombre_ qui exiftent dans tous les faits qu'il a hazardés & qu'il y a femés indifférem-
ment.

Page 12.

Nos Juges ont été inftruits par mes fecondes écritures, & par la production que j'ai faite de deux expéditions d'Actes tutélaires des 23
Juin & 4 Juillet 1722, que le S^r. de Bourgongne pere, _alors Mar-_
chand à Neufchâteau, ayant perdu la Dame Anne-Marie Renauld fa
première Époufe, qui eft décédée à cette époque ; qu'ayant fans
doute contracté pendant fa communauté quelques dettes dans fon
commerce, caufées par les banqueroutes qu'il avoit effuyées, il s'étoit
fait autorifer à vendre les acquêts de cette communauté diffoute.
Ce n'étoit donc pas pour vivre que ces dettes avoient été contractées, ainfi que le Défendeur a ofé l'avancer.

J'ai obfervé dans ces écritures, » que cette refpectable Epoufe

» voyant fon Mari *inutile dans la fociété*, luì confeilla de
» choifir quelqu'autre état pour éléver honêtement leurs En-
» fans, dont le nombre devenoit confidérable; en forte que de
» l'avis de la famille, *ils léverent une boutique de Marchand de*
» *draps;* » ce fait eft prouvé par l'Acte tutélaire dudit jour 4
Juillet 1722; plufieurs autres Nobles de Neufchâteau & des
environs en avoient fait de même; ils avoient beaucoup amaffé
de biens dans le commerce, & *ils ont enrichi leurs Enfans, qui*
ont été dans le cas de fe faire réhabiliter; mais nos Auteurs com-
muns n'ont pas été auffi heureux.

N°.

Ces dérogeances étoient très-communes dans notre famille; car
dans la lettre adreffée par M^e. de Bourgongne, au S^r. Baudel
de Bourmont, le 10 Mars 1756, dont j'ai parlé précédemment,
il y eft queftion de lettres de réhabilitation obtenues dans
cette famille par un *De Bourgongne de Bourmont qui avoit quitté*
fa nobleffe, pour fe faire Apoticaire; » *il fera bon,* dit-il, *d'y*
» *joindre les Lettres de réhabilitation* accordées à mon Pere,
» *dont vous avez copie en forme probante; il vaut mieux les*
» *montrer que les autres qui parlent* d'Apoticaire, *qui pourroient*
» *bleffer la délicateffe de M. de Mantour. C'eft par la même raifon*
» *que je n'ai pas fait collationner la Lettre fur l'adreffe de laquelle*
» *cette qualité fe trouve, &c.* « Ce font là fes propres termes,
& ce qu'il a écrit lui-même; il peut recourir à cette piéce qui

Piéce 4 d'une des
liaffes de 13 piéces.

eft la 4e. d'une de fes liaffes de 13 piéces; *il verra que je n'y*
ai pas changé un mot.

C'eft dans cette précieufe collection, qu'il a eu la complaifance
de produire, où il déploye encore les plus beaux fentimens
pour fes Neveux; il dit dans l'une de fes autres minutes de lettre
audit S^r. Baudel, datée du 4 Septembre 1780, en parlant de la famille
de celui-ci, & de la maifon du Faubourg de Bon-fecours, *qu'il*
nomme fon Hermitage; » Tout le monde me dit que c'eft la
» retraite la plus agréable qu'il y ait dans la Province; *ferai-je*

» *donc toujours privé de la satisfaction d'y voir les seules personnes*
» *de ma famille auxquelles je sois véritablement attaché? &c.*

Enfin, c'est dans la dernière piéce de cette production remarquable, que se trouve aussi la minute d'une lettre qu'il a adressée audit S^r. Baudel le 30 Octobre de la même année 1780, où il s'explique encore plus énergiquement sur ce qu'il pense *en faveur de ses Neveux;* il lui dit : » *Vous ne devez avoir aucune* » *inquiétude sur le nombre de vos Enfans qui vous font tant* » *d'honneur, & qui ne vous donnent que de la satisfaction; cette* » *situation est bien plus agréable que celle qui ne donne en pers-* » *pective que* des heritiers étrangers toujours *ingrats, & souvent* » *indignes de recevoir ce qu'on leur laisse.* « Ne font ce pas là des expressions bien flatteuses pour nous ? Voilà ce qu'il avoit écrit dans le premier mouvement. Il est vrai que dans cette minute au lieu de laisser subsister *des héritiers étrangers toujours,* il a rayé ces mots, & a écrit en interligne *des collatéraux,* cela revient au même; cependant les collatéraux ne font pas étrangers. Il est vrai aussi qu'il a ôté l'expression de *toujours* qu'il avoit ajoutée à *ingrats;* il ne croit donc pas que nous ferons toujours ingrats : En effet il peut être assuré du contraire; *car lorsqu'il nous aura rendu justice,* nous en ferons très-reconnoissans.

Je le prie de me permettre d'ajouter aux fragmens de ces Lettres que je viens de rapporter, une petite observation rélative à la famille *de M. Baudel notre Parent;* elle confirme la seule affection de notre Oncle pour cette famille, *à qui il s'est dit véritablement attaché.* M^e. de Bourgongne quelques semaines après son veuvage avoit arrêté avec le chef de *cette nombreuse famille, qu'il accepteroit la main de l'une de ses Filles, pour sa seconde Épouse;* mais cela n'a pas eu lieu. Au surplus les vues qu'il s'étoit proposé dans son nouveau mariage n'ont pas encore été remplies jusqu'à présent; *la fin couronnera l'œuvre.* Il est temps de revenir à mon objet principal.

On a remarqué précédemment que M^e. de Bourgongne a fait les plus grands efforts pour perfuader que fon Pere étoit *chargé de quantité de dettes, & qu'il y avoit une abfolue néceffité de vendre le Gagnage d'Auzainvilliers*, qu'il convoitoit depuis fi long-temps; il ofe encore dire à la pag. 13e. » *qu'il avoit déjà la moitié de* » *ce Gagnage en propriété par fon Contrat de mariage.* « Voilà encore comme il prépare fes lecteurs à lui être favorables dans leur opinion. Il avoit dit au bas de la page 12e. » *Que le Curé de* » *Neufchâteau qui prenoit intérêt à la famille, l'avertit en 1755,* » *& lui fit fentir que ce Gagnage d'Auzainvilliers* ne tarderoit pas » à être décrété, *que s'il ne vouloit pas qu'il paffât en des mains* » *étrangéres, il falloit qu'il l'achetât.*

Page 13.

Page 12.

Il n'eft queftion que de combiner l'analife exacte de la lettre de ce Curé, que je vais donner; on reconnoîtra fi l'Adverfaire eft fidelle dans la narration qu'il vient d'en faire ; on verra au contraire qu'il paffe légérement fur ce qui a été pratiqué par cet Eccléfiaftique, pour parvenir à la confommation de cette donation couverte du nom de vente. Voici les termes de fa lettre du 15 Décembre 1755. Après avoir marqué à fon ami fa reconnoiffance des politeffes qu'il lui avoit fait pendant tout le temps de fon féjour à Nancy, & en parlant de la Dlle. Thérefe de Bourgongne qui demeuroit alors à Neufchâteau avec fon Pere, il dit : » Je lui » ai parlé *du parti que vous aviez propofé à M. votre Pere, pour* » *l'acqu fition de fon Bien, il eft de fon goût;* & elle m'a affuré » qu'elle feroit fon poffible pour l'y déterminer

Péce 16e. de la liaff de 20 piéces

On remarque donc par ces expreffions, que notre Adverfaire travailloit depuis longtemps à s'approprier ce qui reftoit à fon Pere. Il anonce à la page 13e. de fon Imprimé, *que celui-ci lui propofa cette acquifition.* Mais il paroît que ce projet avoit déjà été formé à Nancy lors du premier voyage de M. de Bourgongne pere, & après la vente de ce qui reftoit du Gagnage de Sartes, en Décembre 1750. Il eft même à préfumer *que les im-*

N .

portunités que ce Vieillard essuyoit journellement par ses sollicitations, de toute nature, qu'on employoit à ce sujet , furent
encore le motif qui le détermina à quitter Nancy, *plutôt que
les efforts de feu ma Mere qui étoit éloignée de lui de près de dix
lieues.*

On remarque aussi, qu'on ne put engager dans ce temps ce
respectable Vieillard à se dépouiller de ce qui lui restoit; en
sorte qu'il partit au mois de Novembre 1751 , sans vouloir rien
faire à ce sujet; mais à son retour dans le lieu de sa naissance,
on le livra aux pressantes sollicitations, & aux insinuations de *son
Curé* qui ne le laissa pas en repos. Enfin il fallut succomber, &
ce ne fut *qu'environ cinq années après* que l'on obtînt de ce
Vieillard plus qu'octogénaire, sa signature au bas du Contrat
qui fut passé à Neufchâteau le 26 Février 1756, pour la vente , 26 Février 1756.
à vil prix, de la moitié du Gagnage dont il s'agit.

On avoit peut-être fait précéder cet Acte, d'une lettre fabriquée
par les agens de notre Oncle ; elle est datée du 4 Janvier de cette
année 1756 , environ six semaines avant le Contrat. Il falloit des Piéce 17ᵉ. de la
prétextes pour appuyer cette prétendue vente ; ces gens affidés eu- liasse de 20 piéces.
rent soin de faire insérer dans cette lettre » que M. de Bour-
» gongne pere ne pouvoit plus vivre comme il étoit , étant inquiété
» de toutes les personnes à qui il devoit quelque chose ; « ce
qui le mettoit au désespoir. Cette lettre est rapportée en partie
à cette page 13ᵉ. du Mémoire imprimé ; notre Adversaire trouve Page 13 Idem.
qu'elle sert à répondre à beaucoup d'objections , c'est pourquoi il
en a fait considérer les termes.

Il est à remarquer que cette lettre *n'est pas timbrée de Neufchâteau comme toutes les autres qu'il a communiquées;* en sorte
qu'elle est présumée une œuvre posthume au Contrat de prétendue
vente ; on y trouve cependant une signature *qui approche* celle
de M. de Bourgongne pere ; mais l'écriture est d'une main étrangère.

Pour en revenir aux expreffions fingulières mifes à la fin de cette lettre du 4 Janvier 1756, (écrite pour la nouvelle année) j'obferverai que s'il eut été vrai que notre Ayeul *eut été inquiété dans ce temps par toutes les perfonnes à qui il devoit*, pourquoi fix femaines après, lors de la rédaction du prétendu Contrat de vente dont il s'agit, *au 26 Février, n'a-t-on pas rappelé & délégué les Créanciers ?* Pourquoi n'a-t-on pas ftipulé dans cet Acte les fommes confidérables qui, comme l'Adverfaire le prétend, *forçoient ce Vieillard à vendre fon bien, & le réduifoient au défefpoir ?* Comment eft-il poffible, qu'avec les dépenfes exceffives qu'il prétend que fon Pere avoit fait *pendant environ cinq années*, depuis le mois de Novembre 1751, jufqu'au 26 Février 1756, jour de ce Contrat, en y joignant les énormes confommations que lui faifoit faire la Dame Hennequin ma Mere, fuivant notre Adverfaire; comment, on le répéte, n'a-t-il pu prouver *qu'il ait payé un fol de dettes ?* & que dans l'efpace de plus d'une année qui s'eft encore écoulée depuis ce Contrat, jufqu'aux mois de Juillet ou Août 1757, que ce Vieillard eft retourné pour la feconde fois à Nancy, *ce Fils acquéreur de bonne foi*, n'a-t-il pu juftifier d'une feule dette contractée, & *qu'il n'ait pu repréfenter un feul titre de créance quittancé à cette époque ?* Il a cependant bien eu l'attention de conferver & de repréfenter une promeffe paffée au profit du S^r. Mouzon, pour un habit qui avoit été acheté à M^e. de Bourgongne, Avocat, en 1735, dont le prix a été payé en Juillet 1742, piéce 1ere. de la liaffe de 20 piéces. Il avoit fes raifons pour être fi exact de ce côté là ; *mais il lui étoit impoffible de prouver ce qui n'avoit jamais exifté au cas particulier.* Il n'a donc que des foibles affertions de fa part ; & il eft conféquent que fi, comme il le dit fort légerement au bas de la page 14e. » *il avoit payé toutes les dettes de fon Pere*, il eut joint à fa production les titres quittancés *pour fe mettre à l'abri de tous foupçons*, & pour appuyer fa prétendue acquifition dans laquelle il a fait ftipuler qu'il *avoit payé dix louis à compte ;* il dit à la même page 14ᵉ. » *que cette fomme fut délivrée fur l'heure, en préfence du* » *Notaire & des témoins, pour pourvoir aux plus preffans be-* » *foins,* « qui, je crois, n'étoient qu'imaginaires. Sans doute que cette modique avance *tenoit plutôt lieu de frans-vins* qui fe ftipulent ordinairement dans les Contrats de vente d'Immeubles ; mais il paroît *que cet Acquéreur fimulé* fe fit encore exempter de cet objet, puifqu'il n'en eft rien dit dans cet Acte. Cela fait auffi une confidération pour la modicité du prix de la vente.

On voit donc que les dettes alléguées par notre Adver-faire n'étoient que fictives, puifqu'ayant fait ftipuler dans cette prétendue vente : » *qu'il s'obligeoit d'acquitter les dettes du* » *Sr. Vendeur qui lui feroient indiquées ; après quoi, le reftant* » *de la fomme principale demeureroit entre fes mains , à titre* » *de conftitution, dont il payeroit la rente à cinq pour cent.* « On lui demande même pourquoi depuis le mois de Février 1756, jufqu'au mois de Juillet 1757, qu'il a fait écrire une quittance à Nancy par le Curé de Neufchâteau, *n'a-t-il pas fait faire cette* *indication de créanciers ?* puifqu'à la page 15ᵉ. de fon Mémoire il trouve dans le montant de cette quittance une fomme *de huit* *cent cinquante-cinq livres,* payée fur le principal depuis le mois d'Avril 1756 ; il paroît même au fol. 43ᵉ. vᵒ. des écritures du Défen-deur fignifiées le 15 Novembre 1785, que les dix louis dont il vient d'être parlé, font partie du montant de la fomme portée en cette même quittance, puifqu'en aglobant cette dernière fomme de dix louis, il ne fe trouve que cinq fols dix deniers de différence fuivant les calculs annotés au même fol. 43ᵉ. des écritures de la Partie adverfe. Pourquoi, on le repete, n'a-t-il pu faire connoître à quoi avoit été employée cette fomme de 855 livres ? & comment n'a-t-il pu indi-quer quelles étoient les créances qui avoient été acquittées avec cette fomme confidérable ? payée, (fuivant cette précieufe quit-tance) dans le court efpace du 1ᵉʳ. Avril 1756, jufqu'au 28 Juillet

1757 , date de la même quittance, *ce qui ne fait qu'un intervalle de quinze mois ?* Il s'est trouvé fort embarrassé pour répondre aux objections qui lui ont été faites à cet égard, & par ses dernières écritures signifiées le 20 Mars dernier, fol. 27ᵉ. v°. il s'est contenté de dire » *que la date & le montant des payemens particuliers* » *n'étoient pas connus :* « On voit donc qu'il avoit compté avec son Pere du montant des payemens qu'il ne connoissoit pas. Voilà la conséquence d'un pareil aveu ; cela détermine donc à penser que ces prétendus payemens étoient supposés.

Toutes ces opérations font des vrais phénoménes ; on n'y connoit presque rien, & on se perd dans de semblables spéculations. Mᵉ. de Bourgongne ne donne d'ailleurs que de simples allégations & des probabilités controuvées pour appuyer cette donation couverte du nom de vente.

Mais il y a plus, & je lui ai observé par mes écritures, que quand bien même il y auroit eu des créanciers délégués & payés par cet acquéreur fictif, *les héritiers feroient encore recevables à revenir contre une semblable vente.* La Cour dans son équité l'a jugé ainsi entre les Enfans & les héritiers en directe. Il n'en feroit pas de même vis-à-vis des collatéraux & des étrangers, car la moindre lézion & la moindre adminicule de preuve qui paroît à ce sujet, *entre un Pere & un Enfant,* ces aliénations sont annullées, en remboursant les sommes légitimement acquittées. Des préjugés aussi sages sont l'écho de la Loi municipale, qui *exige une exacte & scrupuleuse égalité entre les Enfans.*

Au cas particulier il n'y avoit aucune nécessité de vendre ; il n'y a eu aucune délégation faite & aucune dette payée. Enfin *les vingt paires* de revenu dont jouissoit alors M. de Bourgongne *étoient plus que suffisantes pour sa nourriture & son entretien ;* puisque, comme je l'ai dit, Mᵉ. de Bourgongne, par le ministère de sa premiere épouse qui vint à Neufchâteau quelque temps après la prétendue acquisition dont il s'agit, *n'avoit fait offrir à ma Sœur aînée, sa Nièce, que dix paires pour la nourriture & entretien du Pere & de fa Fille.* J'ai offert des preuves teftimoniales à ce fujet, au cas que l'Adverfaire en dif- conviendroit. Il a gardé le plus profond filence fur cet objet par fes écritures & par fon Imprimé , & n'a pas même ofé me démentir. En forte qu'il ne refte qu'à lui appliquer l'axiome de Droit : *Qui tacet confentire videtur.*

La vileté du prix de cette prétendue acquifition eft de la plus grande évidence. 1°. Elle eft faite au mois de Février 1756 , *& le Vendeur ne fe réferve rien du canon qui devoit échoir à la St. Martin fuivante ;* ce qui fait déja une augmentation de valeur de cette acqui- fition . 2ᵉ. Il achete moitié de ce Gagnage fur le pied de dix paires feulement pour cette moitié , à raifon de *mille frans Bar- rois la paire ;* tandis qu'au delà du canon annuel *de vingt paires,* le Fermier étoit encore obligé de délivrer *trois chapons gras, fix livres de chanvre ,* & il devoit encore payer *le Vingtième,* fans diminution du canon , fuivant qu'il a été ftipulé par la con- tinuation du Bail convenu entre les Parties , le 30 Octobre 1750 , écrite au bas du premier Bail qui eft du 16 Novembre 1728 , repréfenté par le Défendeur , piéce 19ᵉ. de la liaffe de 20 piéces. Il pouvoit d'autant moins ignorer cette charge im- pofée au Fermier , qu'il a écrit *lui - même* cette continuation de Bail, *lorfque fon Pere réfidoit chez lui pour la première fois.*

Vileté du prix de cette derniere vente

Ces objets qui font à la charge du Fermier , au-delà du canon , font une valeur de plus de quatre paires ; car le Vingtième eft de 28 liv. 16 f. 9 den. cours de France, en ne comptant que 3 liv. 12 f. même cours, pour les trois chapons gras & 6 liv. auffi même cours, pour les fix livres de Chanvre ; cela fait en tout 48 liv. 8 f. 9 den. cours de France. Il réfulte donc de cette obfervation que ce Gagnage n'a pas été vendu plus de huit cent frans Barrois la paire. *Ce qui eft abfolument décifif pour démontrer la vileté du prix de cette prétendue vente.*

D'ailleurs ce Bien eft compofé *de plus de quatre-vingt-treize jours de terres labourables pour les trois saisons*, outre quantité de fauchées de prés, jardins & chenevières, existans dans un territoire qui est l'un des plus féconds de la Lorraine, où les Terres se louent ordinairement plus d'un resal le jour, & *la paire s'y vend depuis longtemps plus de mille livres*. En sorte qu'en divisant cette quantité de terres en trois saisons, cela produiroit trente-un jour pour chaque saison ; à un resal le jour pour la saison des bleds, & autant pour celle des avoines, cela formeroit trente-un resaux de chaque espéce, *qui font trente-une paires*, non compris la saison des sommards où le Fermier peut encore mettre des pommes de terre, & même du chanvre dans certaines parties, ce qui lui fait encore un bénéfice particulier.

Il n'est pas étonnant que les Terres soient louées communément à ce prix dans le Village d'Auzainvilliers, car elles y rapportent près *de cinq resaux le jour* ; tels font les renseignemens qui m'ont été donnés sur les lieux. D'après ces observations *faciles à prouver*, peut-on imaginer que le Defendeur ait eu raison de fixer la valeur entière de ce Gagnage à un prix aussi modique que celui de *neuf mille livres*, & qu'il ait pu dire dans ses écritures » *que son Pere ne lui avoit pas plus fait* » *de grace qu'à un étranger*.

Il a refusé jusqu'à présent la représentation & la communication des titres *de ce plus beau Bien de la famille*, & ayant été sommé à ce sujet par différens Actes dès le mois de Février 1785, il n'a pas jugé à propos de les communiquer ; il a cependant ces titres entre les mains, ainsi qu'il l'a déclaré par son prétendu Contrat d'acquisition du mois de Février 1756, représenté en grosse, piéce 18e. de sa liasse de 20, dans lequel il est stipulé » *suivant que les héritages font rappelés aux* » *titres de propriété que le Sr. Acquéreur a dit avoir entre les mains*. On voit donc que l'Aversaire ne pouvoit refuser la production & la représentation de ces titres ; *& il devoit encore y joindre les déclarations qui ont été données par les anciens Fermiers ;* suivant qu'ils y étoient obligés par les différens Baux qui leur ont été passés de ce Gagnage depuis 1728. Il a eu, sans doute, ses raisons particulières pour refuser la communication de ces pièces; & en effet, s'il les eût produit, on eût pu juger trop facilement de la valleur de ce Bien, *& on auroit reconnu que ce Gagnage étoit composé d'une plus forte quantité de terres que celles rappelée ci-devant.*

Au surplus, il est de notoriété publique que ce Bien est laissé à *plus d'un tiers,* moins que sa valeur réelle. Aussi n'est-il pas étonnant que depuis près de soixante ans, à compter de la date du premier Bail passé le 16 Novembre 1728, que ce Gagnage est cultivé par des Fermiers de la même famille, (comme l'a dit notre Adversaire dans le dernier Bail qu'il a compris dans sa production nouvelle, pièce 4e. & dernière) il n'est pas étonnant que ces Cultivateurs se soient enrichis; car l'Ayeul du Fermier actuel a élevé une famille considérable, qu'il a très-avantageusement pourvue; il a même acquété un Bien *de plus de quinze paires de rente,* avec le bénéfice qu'il a fait dans cette Ferme. Tels sont aussi les renseignemens qui m'ont été donnés sur les lieux.

En sorte que depuis la prétendue acquisition faite par le Défendeur, s'il n'a pas profité des augmentations considérables, qui, (de son aveu au fol. 40, r°. de ses premières écritures du 15 Novembre 1785) sont survenues depuis vingt à vingt-cinq ans, dans les Biens de la Campagne; c'est parcequ'il craignoit qu'on ne connut trop facilement *la lézion énorme* qui existe dans sa prétendue acquisition.

Fol. 40e. recto, des écritures du Défendeur, signifiées le 15 Nov. 1785.

L'Adversaire avoue au même feuillet 40 de ces écriures, » qu'il y » a plusieurs endroits où la paire se vend *mille livres,* « & il le dit aussi à la pag. 34 de son Imprimé; cependant il se les est fait vendre à raison de *mille frans Barrois,* & encore sur le pied *de vingt paires* seulement; tandis que, comme je l'ai observé, les autres réserves à la charge du Fermier, sont encore de la valeur de plus de *quatre paires.* Il fait beau entendre le Défendeur, dans ses allégations au fol. 20, r°. des écritures dont je viens de parler, lorsqu'il veut faire croire » *que*

Page 34.

Page 37.

» *son Pere ne lui a pas fait plus de grace qu'à un étranger.* « Il le répéte encore à la page 37 de son Imprimé.

D'après toutes ces obfervations, il eft impoffible de ne pas être perfuadé de la vileté du prix & de la nullité de la prétendue vente dont il s'agit, à laquelle j'ai conclud incidemment par mes écritures; & il y a lieu d'efpérer de l'équité de la Cour qu'elle accueillera notre demande.

Il eft encore néceffaire d'obferver que l'Adverfaire auroit dû comprendre dans fa production du 20 Mars dernier, non-feulement les titres du Gagnage d'Auzainvilliers, avec les déclarations données par les anciens Fermiers, mais encore *la minute d'un autre Bail fous feing-privé, qu'il a paffé avec le nommé Prélat le 1er. Avril 1759*, en-

1 Avril 1759.

viron trois ans après fa prétendue acquifition. Ce Bail eft rappelé en la déclaration que le Défendeur a fourni au Bureau de l'Abonnement le 7 Août de la même année 1759; fans doute qu'il y avoit encore quelques expreffions dans ce Bail qui ne lui euffent point été favorables s'il l'avoit produit, car il ne communique que les piéces dont il croit tirer quelqu'avantage. Cette obfervation eft d'autant plus jufte, que j'ai été inftruit dans le temps, que ce Fermier étoit chargé par cette nouvelle convention *de conduire fon canon à Nancy*; tandis que par les premiers Baux il ne devoit le conduire qu'*à Neufchâteau*, ce qui fait dix lieues de diftance de plus, & opère encore une furcharge au Fermier, *qui produit une augmentation dans la valeur du Gagnage dont il s'agit*. Il s'eft contenté, dans cette production nou-

N°.
Autre augmentation dans la valeur du Gagnage.

velle, d'y joindre le Bail *paffé depuis le procès commencé*, quoique daté de 1783. On voit dans ce dernier Bail, que l'Adverfaire a eu foin de changer la claufe dont il vient d'être parlé, probablement inférée dans celui de 1759; il a feulement obligé ce nouveau Fermier, Petit-fils de Jofeph Prélat, de venir payer fon canon de vingt paires, à Nancy, *au prix tel qu'il fera réglé*; fans doute qu'il a foin d'augmenter ce prix de ce qu'il en coûteroit au Fermier pour la voiture. On voit donc à tous égards les précautions que prend notre Adverfaire pour cacher la vileté du prix de fa prétendue acquifition. Ce Fermier eft encore chargé, par l'article 3ᵉ. de ce Bail, de délivrer *trois chapons gras vifs & en plumes, & fix livres de chanvre ;* & par l'article 4ᵉ. il eft dit qu'il payera *les Vingtièmes* fans aucune diminution du canon, ainfi qu'il étoit déja ftipulé par les Baux antérieurs à la prétendue acquifition dont il s'agit.

L'Adverfaire n'a pas craint, à la page 14ᵉ. de fon Imprimé, de dire : » *Qu'il a acheté en préfence de la Dame Hennequin, la moitié* » *du Gagnage d'Auzainvilliers , dont la propriété appartenoit à fon* » *Pere.* « Cette obfervation eft des plus fuppofée; non-feulement feu ma Mère ne fut pas préfente à cette convention, mais elle n'en a jamais eu aucune connoiffance ; puifque quelque temps avant fon décès, arrivé au mois de Mars 1766 , elle me remit la groffe de la donation du 7 Avril 1736, pour faire valoir nos droits au décès de fon Pere, fur les Biens rappelés en cette donation , *dont il s'étoit réfervé l'ufufruit.* Elle connoiffoit encore moins la révocation qui en avoit été faite par les foins de fon Frère le 22 Juillet 1749 ; *car cet Acte étoit refté dans les ténèbres depuis ce temps.* Elle croyoit feulement que fon Pere s'en rapportoit à la générofité de fon Fils, *pour le tenir chez lui à moindre rétribution que celle qu'il avoit offert à ma Sœur, fa Niéce ; à qui il ne vouloit donner que dix paires , pour nourrir & entretenir le Père & la Fille,* comme je l'ai dit précédemment. Voilà ce que cette refpectable Mère m'a dit dans le temps ; mais elle connoiffoit bien peu alors Mᵉ. de Bourgongne fon Frère.

Page 14.

Il ajoute à cette page 14ᵉ. » *Que comme l'ufufruit de l'autre* » *moitié du Gagnage d'Auzainvilliers appartenoit encore au Sr.* » *fon Pere, il fut convenu par le Contrat de Vente dont il* » *s'agit, que cette moitié* étant eftimée *comme celle vendue,* quatre » mille cinq cent livres, *Me. de Bourgongne en payeroit la rente à* » *cinq pour cent,* au lieu de l'ufufruit en nature.

Item page 14.

Il dit encore plus bas : » *Qu'il paya toutes les dettes de fon Pere,* » *ainfi qu'il s'y étoit engagé, & lui fit toucher exactement la rente de ce*

» *qu'il lui devoit.* « Il ajoute : » *Qu'il en a quittance, écrite par le Curé*
» *de Neufchâteau, & signée du Sr. de Bourgongne pere.* « La dernière
partie de cette période est encore une autre supposition de sa part.

Pour démontrer combien cette allégation est hazardée, il est bon
de donner ici les termes de cette quittance. Il est dit :

» J'ai reçu de mon Fils, Avocat à Nancy, depuis le 1er. Avril
» 1756, la somme d'onze cent soixante-six livres, à compte de ce
» qu'il me doit, *tant en rente que principal,* pour le Gagnage situé à
» Auzainvilliers, que je lui ai vendu au mois de Février de la même
» année 1756; *en ce non compris les dix paires de resaux que le Fer-*
» *mier m'a délivrées à la St. Martin dernière.* A Nancy le vingt-huit
» Juillet mil sept cent cinquante-sept. *Signé,* De Bourgongne.

On voit dans cette quittance, qu'il n'est pas dit un mot *des préten-*
dues dettes payées par M^e. de Bourgongne fils, sur ce qu'il a délivré
à son Pere, à compte du principal, *qui lui étoit laissé à constitution;*
s'il eut été vrai qu'il eut payé les dettes de son Père avec les *à compte*
prétendus délivrés sur le principal de son acquisition, il n'eut pas
manqué de faire inférer l'emploi des déniers dans cette quittance,
puisque, comme il le dit plus haut à cette page 14e. » *il s'étoit obligé*
» *d'acquiter les dettes de son Vendeur qui lui seroient indiquées.* » Il
a également supposé, quelques lignes auparavant, que les *trois cent*
dix livres prétendues payées sur le prix de cette vente frauduleuse,
» *& délivrées sur l'heure, en présence du Notaire & des témoins,* avoient
» été employées, suivant lui, » *pour pourvoir aux plus pressans be-*
» *soins de son Pere.* » Telle est l'exactitude de notre Adversaire dans
les faits les plus essentiels.

Le Défendeur entre ensuite, à la page 15e. dans le calcul de
ce qu'il redevoit, suivant lui, du prix de sa prétendue acquisition, après la déduction *des dix louis,* ainsi que de la somme de
huit cent cinquante-cinq livres quatorze sols qu'il a fixé arbitrairement pour le montant de ce qu'il dit avoir payé sur le capital,
& par une note au bas de cette page, *cet Acquéreur de bonne*

foi obferve » qu'il n'étoit pas poffible de faire un calcul exact, » parceque les payemens avoient été faits fucceffivement & par » parties détachées ; « mais pour s'excufer à cet égard, il a dit dans fes dernières écritures, fol. 27ᵉ. v°. » *que la date & le* » *montant des payemens particuliers qui avoient été faits, n'étant* » *pas connus, il lui avoit été impoffible de faire fon calcul avec* » *une précifion arithmétique.* « Il s'enfuit donc, comme je l'ai déjà dit, qu'il a compté avec fon Pere, lors de cette quittance, du montant des payemens qu'il ne connoiffoit pas ; telle eft encore fon exactitude.

Fol. 27ᵉ. v°. des fecondes écritures du Défendeur, fignifiées le 20 Mars dernier.

On peut juger de l'habileté de fes Calculateurs par ce qui réfulte des opérations contenues dans les huit lignes qui compofent la première partie de la page 15ᵉ. Elles renferment le relevé des prétendus payemens faits à compte de la vente dont il s'agit, dans lefquels le Défendeur a fait comprendre, par une erreur impardonnable, la fomme *de cent cinquante - cinq livres*, à quoi il a fixé le prix *des dix paires* de refaux dont il eft fait mention dans la quittance écrite par le Curé de Neufchâteau ; il porte cette fomme en déduction fur ce qu'il redoit du prix de cette vente, tandis que ces dix paires faifoient l'autre moitié du canon du Gagnage d'Auzainvilliers qui n'étoit pas comprife dans cette prétendue vente, & dont l'Adverfaire convient *que fon Pere avoit l'ufufruit* ; en forte qu'il n'a fait mention, (dans la quittance de 1757) de cette perception de dix paires, *des mains du Fermier en 1756*, que pour ne pas être dans le cas d'en payer à fon Pere la valeur en argent, fuivant qu'il l'avoit fait fixer par la vente qu'il s'étoit fait faire de l'autre moitié de ce Gagnage ; conféquemment cette erreur eft trop évidente pour fervir à l'apologie des calculateurs qu'il a employés à ce fujet.

Pag. 15 idem.

N°.

Je vais donc lui donner un calcul plus exact que le fien, & faire connoître d'un coup d'œil ce qu'il auroit redû *au décès de fon Pere*, du prix de cette prétendue acquifition ; quand bien même on ne fe fixeroit que fur le modique prix qu'il y a fait ftipuler ; en forte que *nos Juges, ainfi que le public*, pourront

<table>
<tr><td style="width:25%; vertical-align:top">

Pag. 18 & 19.
</td><td>

facilement connoître la fuppofition de ce que l'Adverfaire a fait imprimer aux pages 18e. & 19e. de fon Mémoire ; fur-tout lorf-qu'il a prétendu prouver » *que le Sr. de Bourgongne fon pere n'a* » *pas laiffé de fucceffion.* « On verra que non-feulement le calcul qu'il y rapporte eft erroné, mais auffi qu'il eft inexact, d'après ce que j'ai dit précédemment *contre l'Acte du 1er. Février 1751*,
</td></tr>
</table>

au fujet duquel le Défendeur à employé toute fa réthorique

Pag. 16 & 17.

dans les 16e. 17e. pages de cet Imprimé, afin de le remettre en valeur.

Pour opérer ce calcul, il eft à remarquer que par l'Acte du 26 Février 1756, l'Adverfaire a fixé à *quatre mille cinq cent livres feulement la valeur* de la moitié du Gagnage d'Auzainvilliers qu'il a prétendu acquérir de fon Pere ; il faut donc tirer cette fomme hors ligne, cy . . . . 4500 liv. o f. o d.

En déduifant les dix louis, faifant trois cent dix livres, prétendus payés comptant lors de la paffation de cet Acte, cy . . . . 310 liv. o f. o d.

Refte 4190 liv. o f. o d.

Il reftoit encore de ce capital, une fomme de *quatre mille cent quatre-vingt-dix livres tirée* hors ligne ci-deffus. Notre Adver-faire eft d'accord à cet égard.

La rente de cette rémanence eft à compter depuis ledit jour 26 Février 1756, jufqu'au 28 Juillet 1757, en forte que, *déduction faite des Vingtièmes*, cette rente fe porte *à deux cent foixante-quatorze livres treize fols cinq deniers.*

Et comme fuivant la quittance produite par notre Adverfaire, en date dudit jour 28 Juillet 1757, M. de Bourgongne pere a déclaré avoir reçu de fon Fils *onze cent foixante-fix livres*, à compte de ce que ce prétendu Acquéreur devoit, *tant pour rente que principal*; ce font les termes de la quittance dont j'ai ci-devant rapporté le contenu ; il réfulte que pour former le calcul de la déduction des rentes, il convient tirer hors ligne cette ſomme d'onze cent ſoixante-ſix livres , cy . 1166 liv. o ſ. o d.

Et en déduiſant les deux cent ſoixante quatorze livres treize ſols de rente dont il vient d'être parlé, cy . . . . ‘ . . . 274 liv. 13 ſ. 5 d.

Reſte 891 liv. 6 ſ. 7 d.

Il reſteroit donc à imputer ſur le principal huit cent quatre-vingt-onze livres ſix ſols ſept deniers tirés hors ligne ci-deſſus ; mais comme le Défendeur *n'a pu ſe concilier* ſur les payemens qu'il prétend avoir faits à compte du principal de ſa vente; il ne les a portés lui-même par ſes écritures & par ſon Imprimé à la même page 15ᵉ. qu'à *huit cent cinquante-cinq livres quatorze ſols*. Il faut donc ſe fixer à cette ſomme pour la déduction à faire ſur la rémanence du prix de cette prétenduc vente, qui, dès l'inſtant du Contrat fut réduit, comme je l'ai obſervé, à quatre mille cent quatre-vingt-dix livres, cy . . . 4190 liv. o ſ. o d.

Sur laquelle déduction faite des 855 l. 14 ſ. prétendues payées ſur ce capital depuis le 1ᵉʳ. Avril 1756, juſqu'au 28 Juill. 1757, date de la quittance rappelée ci-devant, & ſuivant l'énoncé d'icelle, il convient tirer cette ſomme hors ligne, cy . . 855 liv. 14 ſ. o d.

Reſte 3334 liv. 6 ſ o d,

Il reſtoit donc encore à cette époque du 28 Juillet 1757, ſur le capital de la prétendue acquiſition dont il s'agit, *trois mille trois cent trente-quatre livres ſix ſols* tirés hors ligne ci-deſſus, au lieu de celle de trois mille ſoixante-dix-neuf livres cinq ſous dix deniers que le Défendeur rapporte à la 11ᵉ. ligne de la page 15ᵉ. de ſon Imprimé, cy . . . . 3079 liv. 5 ſ. 10 d.

255 liv. o ſ. 2 d.

On voit qu'il ſe trouve deux cent cinquante-cinq livres deux deniers d'erreur fur cette partie fuivant le calcul de notre Adverfaire.

En forte que quand bien même on fe fixeroit fur ce Contrat de vente produit par notre Adverfaire, il redevroit encore cette fomme de trois mille trois cent trente-quatre livres tirée hors ligne d'autre part, faifant la rémanence du capital de cette vente, *qui avoit été laiffée à conftitution*; on devoit donc trouver cette fomme en entier, lors de l'ouverture de la fucceffion dont il s'agit, à la mort du Pere & Auteur commun, arrivée dix-neuf années après, c'eft à dire le 10 Novembre 1776; conféquemment le défunt devoit percevoir *annuellement* pour la rente du reftant de ce capital, une fomme de cent foixante-fix liv. quatorze f. à tirer hors ligne, cy 166 liv. 14 f. o d.

Et comme ce prétendu Acquéreur percevoit en entier par chaqu'une année le canon de vingt paires, faifant le produit du Gagnage d'Auzainvilliers; il avoit encore été ftipulé dans cette Vente fictive, » *que Me. de Bourgon-* » *gne fils payeroit auffi à fon Père la rente de* » *la valeur de l'autre moitié de ce Gagnage,* « dont l'eftimation fut fixée à pareille fomme de 4500 livres, ce qui fait deux cent vingt-cinq livres d'intérêts par an, cy 225

Total . . . 391 liv. 14 f. o d.

Ces deux fommes réunies forment enfemble celle de trois cent quatre-vingt-onze livres quatorze fols de revenu annuel, fans déduction de Vingtièmes, *puifque le prétendu Acquéreur n'en payoit pas*, le Fermier en étant chargé fuivant les Baux repréfentés.

Cette fomme de 391 liv. 14 f. étoit plus que fuffifante pour payer la penfion & le modique entretien du Pere & Auteur commun, *eû égard à la façon avec laquelle il étoit nourri & entretenu chez fon Fils;* j'en ai offert la preuve; en forte que c'eft lui faire grace que de lui paffer pour ce Vieillard feul une fomme *de trois cent livres par année*, fi l'on confidere d'ailleurs les offres qu'il avoit fait faire par fon Epoufe à ma Sœur, l'aînée de fes Niéces, *de dix paires* feulement par année pour la nourriture & entretien du Pere & de la Fille. Il ne falloit donc pas toucher dans les fonds, puifqu'en ne comptant que dix-neuf années depuis le 10 Novembre 1757, que M. de Bourgongne pere eft entré chez fon Fils, jufqu'à pareil jour de l'année 1776, qu'il eft décédé, *les quatre-vingt-onze livres quatorze fols* qui font d'excédant du revenu annuel ci-devant rappelé, produifent, *pour ces dix-neuf ans*, une fomme de mille fept cent quarante-deux livres fix fols, dont le Défendeur feroit encore redevable à la fucceffion de fon Pere, *outre les arrérages des canons depuis dix années, qui viennent d'échoir à la Saint-Martin dernier*, ce qui fait un objet de deux cent paires. En y joignant l'excédant des revenus, déduction faite de la penfion, on voit qu'il eft abfurde de prétendre, comme l'a fait notre Adverfaire, » *que tout étoit abforbé plufieurs années* » *avant la mort de fon Pere, & qu'il ne reftoit aucun Immeuble* » *qui compofât cette fucceffion.* « On voit au contraire que la totalité du Gagnage d'Auzainvilliers doit dépendre de la fucceffion dont il s'agit,

N°.
Objet dont M. de
Bourgongne doit
encore compter.

A l'égard de la penfion de la Dlle. Thérefe de Bourgongne, Sœur de notre Adverfaire, *qui vient de décéder le 24 Août dernier*, il fera facile d'en payer la valeur avec le produit de fa part dans les fonds dont le Défendeur doit rendre compte, ainfi que des revenus, outre ce qui lui avient dans le mobilier dont l'Adverfaire a fait faire la fixation *à une fomme de mille livres* pour fon quart, par l'Acte du 25 Septembre 1784, dont j'ai parlé précédemment.

Le compte de ces penfions fera facile à fixer d'après l'atteftation donnée le 22 Octobre de l'année dernière, par les Dames Religieufes du Monaftère de la Congrégation de Saint-Nicolas, où elle a été mife en penfion depuis ladite année 1757, jufqu'en

I

Février 1766, que cette Demoiselle est revenue chez son Frère à Nancy. Cette piéce nouvellement recouvrée, est conçue en ces termes : » Nous soussignées Supérieure & Procureuse, Religieuses de la
» Congrégation de Saint-Nicolas, certifions que Mlle. de Bourgongne
» est entrée en mil sept cent cinquante-sept, en notre Monastère, en
» qualité de Pensionnaire ; qu'elle y est restée l'espace de huit années
» & six mois, ainsi que nous l'a dit la Sœur qui en a eu soin, moyen-
» nant *deux cent cinquante livres*, cours de Lorraine, de pension,
» par chacune année, qui nous ont été payées par M. de Bourgongne
» son Frère, suivant qu'il est annoté sur notre Régistre. Saint-Nicolas
» le vingt-deux Octobre mil sept cent quatre-vingt-six. *Signé*, Marie-
» Placide Jeantel, Supérieure, & Marie-Agathe Guery, Procureuse. *

Cette seule piéce suffit donc pour démontrer le contraire de ce qui a été dit à cet égard par notre Adversaire, tant dans ses dernières écritures, fol. 30, que par son Imprimé, aux pag. 15 & 16.

Il dit dans ces écritures signifiées le 20 Mars dernier, à l'endroit cité, pour répondre à ce qui lui avoit été objecté contre son immense calcul, contenu dans ses premières écritures, au sujet de la pension de sa Sœur, qu'il avoit répétée depuis 1757, à raison de quatre cent livres par an ; il dit, je le répéte :» *Que dans le temps qu'il faisoit*
» *bâtir & qu'il n'avoit pas de logement en suffisance, il mit sa Sœur*
» *pendant quelque temps en pension à Saint-Nicolas.* « Il ajoute :
» *Mais en vérité, c'est se rabattre sur bien peu de chose.* « Et dans son Imprimé, pag. 15, il ne se souvient plus de ce qu'il a écrit ; car en parlant de sa quittance du 28 Juillet 1757, il dit : » *Le Sr. de*
» *Bourgogne & la Dlle. Thérése sa Fille revinrent à Nancy quelque*
» *temps après ; ils résidèrent chez Me. de Bourgongne, & furent plus*
» *que jamais à sa charge. Déslors le Traité de nourriture du 1er. Fé-*

Page 15 idem.

» vrier 1752, qui avoit été *suspendu pendant quelques années*, re-
» *prit toute sa force.* « M^e. de Bourgongne comptoit » *par année*
» *quatre cent livres de pension & d'entretien pour chacun.* » Il ose encore ajouter : » *Cette somme n'étoit assurément pas trop forte.* « Et
au bas de la page 16, il dit : » *Qu'en prenant quatre cent livres pour*
» *sa Sœur, par an, il s'en falloit bien qu'il gagnât sur elle.* « Mais
d'après la lecture du certificat des Religieuses de Saint - Nicolas,
que penser à cet égard contre lui ? Il ne gagnoit cependant sur
sa Sœur *que cinquante-deux écus par année*, ce qui fait environ *qua-*
rante-deux louis, qui se trouvent d'excédant, (pour les huit ans &
demi) dans le calcul erroné qu'il a fourré dans ses premières écritures
du 15 Novembre 1785 , outre les 400 liv. qu'il compte pour cette
Demoiselle dès le 28 Juillet 1757 ; car on voit qu'il porte en déduction 800 liv. sur son capital, pour cette première année, *tant pour le*
Pere que pour la Fille, par le 1er. article de ce calcul erroné ; tandis
que de son aveu, son Pere & sa Sœur n'étoient sortis de Neufchâteau
que quelque temps après le mois de Juillet 1757 , cette pension n'é-
toit donc exigible que vers le mois d'Août ou Septembre de l'année
suivante 1758 , ainsi que je l'ai déja dit. Cette erreur est trop forte
pour ne pas être apperçue.

J'ai encore observé dans mes différentes écritures au procès,
» qu'au de-là des meubles les plus précieux qui avoient été trans-
» portés à Nancy, en 1757 , lors du retour de M. de Bourgongne
» pere chez son Fils, « *comme armoires, lits, linges de ménage, ar-*
genterie & autres objets, dont j'ai parlé précédemment, il fut (*par les*
ordres de la Dame de Bourgongne première Épouse) procédé à la
vente des gros meubles qui ne pouvoient être transportés à Nancy,
dont elle perçut le prix, qui s'est porté à environ 150 liv. *Le Défen-*
deur est encore comptable de cette somme, qu'il doit rapporter en
masse, outre les autres objets rappelés ci-devant, *dont je me réserve*
de donner un tableau général, pour fixer d'un coup d'œil le montant
de ce qui est à la charge de notre Adversaire. Tous ces objets réunis,

Nº 4.
Autre objet sujet
à rapport.

avec la valeur entière du Gagnage d'Auzainvilliers, forment une ſomme groſſe *de plus de cinquante mille livres.*

Il eſt donc facile, ſur le ſimple apperçu du calcul que j'ai préſenté il n'y a qu'un inſtant; en ſe fixant même ſur la prétendue acquiſition dont le Défendeur demande l'exécution, il eſt aiſé, dis-je, de décider s'il a eu raiſon de dire & d'imprimer à la pag. 5ᵉ. de ſon Mémoire : » *Que je répétois une ſucceſſion qui n'exiſtoit pas.* « Il a cru même pouvoir établir ce paradoxe aux pag. 18ᵉ. & 19ᵉ. de cet Imprimé. Il abonde tellement dans ſon ſens qu'il penſe devoir être cru ſur ſa ſeule aſſertion, *contre l'évidence & contre ce qui réſulte de ſes propres piéces.*

Pour appuyer la fixation énorme de 400 liv. qu'il répéte par année, à raiſon de la penſion & entretien de ſon Père, il dit à cette page 15ᵉ. » *Que cette ſomme n'étoit aſſurément par trop forte.* « Il en donne pour première raiſon, la convention qu'il avoit écrit à cet égard dans ſon prétendu Traité de nourriture, fait en 1751, ſix années & plus avant le retour de ſon Pere à Nancy au mois d'Août 1757. Il ajoute : » *Que dans cette convention on avoit encore réſervé les* » *linges & habits neufs, ainſi que ce qui ſeroit payé aux Médecins,* » *&c. en cas de maladie ;* « & il dit à la pag. 16ᵉ. » *Qu'il a com-* » *pris toutes ces dépenſes extraordinaires dans les 400 liv.* « Mᵉ. de Bourgongne a donc oublié que le défunt n'a jamais porté de linges ni d'habits neufs, pendant ſon ſéjours à Nancy. Il n'a même *jamais porté de ſouliers neufs.* L'Adverſaire n'a pas craint de rappeler à la pag. 36ᵉ. ce que j'ai offert de prouver à ce ſujet. Enfin ce Vieillard n'a été malade que huit jours, lorſqu'il eſt mort, *ſans avoir eu beſoin du ſecours des Médecins.* On porte donc le défi au Défendeur d'adminiſter des preuves de qu'il dit à ce ſujet.

A la page 17ᵉ. l'Adverſaire fait les derniers efforts pour appuyer le calcul erroné contenu dans ſes premières écritures, *d'après cet Acte du mois de Février 1751,* qu'il analiſe encore dans cet endroit *pour la dernière clauſe ; afin de prouver, ſuivant lui, » que l'intention de ſon*

Page 5.

Pag. 18 & 19.

Page 15.

Page 16.

Page 36.

Page 17.

» *Pere étoit que les avances que son Fils feroit au delà du revenu*
» *ou des rentes qu'il toucheroit, s'imputassent sur le fonds.* «
Il n'est pas dit un mot de *rentes* dans cet acte, & il y
ajoute cette expression de son chef; il ne l'a coulée dans son Imprimé que pour cadrer avec ce qui existoit lors du retour de son
Père à Nancy.

Et en effet il est dit dans ce prétendu Traité de 1751 : » *Que*   Page 11.
» *Me. de Bourgongne fils percevra annuellement le canon du Ga-*
» *gnage situé à Auzainvilliers, qui est de vingt paires.* « Il l'a imprimé
de même à la page 11e. de son Mémoire. Il n'est donc pas question de
rentes en argent, parcequ'il n'y en avoit pas alors ; car au 1er. *Février*
1751 il n'y avoit qu'un *canon de vingt paires*, que le Fils devoit percevoir annuellement du Fermier d'Auzainvilliers ; mais six années
après, c'est-à-dire, au vingt-sixième même mois de l'année 1756, il y
avoit eu un nouvel Acte passé entre le Pere & le Fils, qui avoit
changé l'état des choses.

Ce Fils s'étoit fait vendre à vil prix la moitié de ce Gagnage d'Auzainvilliers, & en qualité de propriétaire il avoit droit, par sa prétendue acquisition, *de percevoir moitié du canon* des mains du Fermier, puisque le Vendeur ne s'étoit rien réservé à cet égard : Son
titre à ce sujet ne procédoit donc plus du prétendu Traité de nourriture par lui fait en 1751. A l'égard de l'autre moitié du canon, cet
Acte de 1751 étoit encore sans analogie à ce qui fut convenu à ce
sujet en 1756 ; car par ce prétendu Contrat de Vente il est dit : » Que
» le restant de la somme principale demeurera entre les mains du Sr.
» Acquéreur, *à titre de constitution*, dont il payera la rente à cinq
» pour cent, *de même que de celle de quatre mille cinq cent livres fai-*
» *sant le prix de la moitié dudit Gagnage* à lui donnée par son Contrat
» de mariage ; *& ce pendant la vie durante du Sr. Vendeur.* A l'effet
» de quoi l'Acquéreur a obligé tous ses Biens-meubles & immeubles,
» présens & futurs, *spécialement & par privilége ce qui lui est ainsi*
» *vendu*, *&c,* « Ce dernier Acte du 26 Février 1756 *déroge &*

anéantit donc totalement la claufe 4e. de l'Acte fait par le Défendeur le 1er. dudit mois de Février 1751 ; puifque, comme je l'ai démontré par le calcul, formé d'après ce prétendu Contrat de Vente , M. de Bourgongne père *n'avoit plus qu'un revenu en argent*, qui, au mois· de Juillet ou Août 1757 , lorfqu'il vint réfider de nouveau chez fon Fils à Nancy, ne fe portoit pour cet objet qu'à 391 liv 14 f. par année, comme je l'ai fait connoître il n'y a qu'un inftant ; enforte qu'il n'étoit plus poffible alors d'exécuter le contenu en l'article 4e. de l'Acte de 1751, *pour raifon de la perception des vingt paires y énoncées.* Il étoit encore moins poffible *de toucher dans les fonds*, comme l'Adverfaire prétend que c'étoit l'intention de fon Pere, puifque ce même fonds étoit laiffé *à titre de conftitution*, par un Acte poftérieur de plus de fix ans, & que d'ailleurs le revenu du Pere, à cette époque, étoit plus que fuffifant pour fa penfion. Il a donc eu tort de prétendre, comme il l'a dit à cette page 17e. » *Quà' ce* » *moyen il feroit voir que la fortune du Sieur de Bourgongne pere* » *fut épuifée plufieurs années avant fa mort.* « Il n'eft ▬ pas douteux que c'étoit là fon projet, qui ne peut avoir lieu à aucun égard.

RÉFUTATION DES PRÉTENTIONS

de l'Adverfaire au fujet de fa donation à caufe de nôces.

Après avoir fait connoître la nullité de la prétendue aliénation de moitié du Gagnage d'Auzainvilliers, ainfi que la vileté du prix fixé à ce fujet; enfin après avoir démontré *qu'on ne pouvoit toucher dans les fonds pour payer une penfion dont notre Ayeul ne devoit pas être chargé*, il eft néceffaire de refuter ce que l'Adverfaire a fait ftipuler dans cette prétendue vente, au fujet de l'autre moitié de ce Gagnage, ainfi que ce qu'il a fait imprimer pour cet objet, à la page 13e. de fon Mémoire; il y dit : » *Qu'il avoit* » *déjà moitié de ce Gagnage en propriété par fon Contrat de ma-*

Page 13.

» *riage.* « Mais on voit qu'il eſt dans l'erreur d'après ce que j'ai démontré à ce ſujet dans la première partie de ce Mémoire, *ſur le défaut d'inſinuation de la donation contenue en cet Aĉte.* J'ai fait voir que ſuivant l'Édit, cette inſinuation devoit être faite *dans tous les endroits de la ſituation des Biens qui tomboient ſous cette donation ;* mais le Défendeur a paſſé fort légerement à la page 5ᵉ. de ſon Imprimé, ſur le contenu de cette donation, & il n'a pas dit un mot des formalités auxquelles elle étoit aſſujettie *à raiſon de la rétention d'uſufruit faite par le donateur ;* il ſe contente de dire à cette page 5ᵉ. » *qu'en l'année 1736, au mois de* » *Janvier, le Sr. de Bourgongne pere maria ſon Fils, Me. de* » *Bourgongne,* dejà Avocat au Parlement ; *que par le Contrat* » *de mariage il lui aſſura la propriété* du quart *de ſes Biens-meu-* » *bles & Immeubles,* s'en réſervant la jouiſſance pendant ſa vie, » &c. « On voit qu'il ne dit rien des formalités de l'inſinuation qui devoient être obſervées ſuivant l'Édit du 13 Décembre 1718 ; *il s'eſt bien gardé d'en parler, parcequ'il n'étoit pas en règle à cet égard ;* conſéquemment cette donation étant nulle, comme je l'ai obſervé dans l'établiſſement de mes moyens, elle ne pouvoit produire aucun effet.

Page 5.

J'ai obſervé auſſi que l'Adverſaire s'étoit contenté de faire enrégiſtrer la groſſe de ſon Contrat de mariage au Greffe de Neufchâteau & en celui de la Prévôté de Bulgnéville, pour le Gagnage ſitué à Auzainvilliers ; *mais il n'a pu faire connoître, par la repréſentation des Sentences, que cette donation ait été publiée en jugement ſuivant l'Édit ;* il réſulte que ce ſeul défaut opéreroit encore la nullité de cette donation. Cependant notre Adverſaire dit avec aſſurance à la page 13ᵉ. » *qu'il avoit dejà moitié en* » *propriété du Gagnage d'Auzainvilliers par ſon Contrat de ma-* » *riage.* « Il répéte encore » *que le Sr. de Bourgongne ſon pere* » *lui avoit aſſuré par ce Contrat le quart des Biens qu'il avoit* » *alors ; or,* dit-il, *ſes Immeubles ſe portoient alors à quarante-*

Page 13.

» *deux paires, ce qui par conséquent faisoit dix paires & demie* ; « ce calcul paroît juste ; mai, il ne dit pas qu'avant de prendre le quart dans ce Bien, il falloit acquitter les dettes qui étoient affectées sur ces mêmes Biens, par la maxime qu'il a citée lui-même dans ses premières écritures, au fol. 47ᵉ. v°. *Nemo liberalis nisi liberatus.* Or avant & à l'époque de cette donation à cause de nôces, son pere étoit débiteur envers différens créanciers, des sommes qui sont rapportées & détaillées en l'acte tutélaire du 17 Décembre 1737, piéce 10ᵉ. de la liasse cotée *A ;* conséquemment il falloit acquitter ces dettes sur ces mêmes Biens.

Fol. 47. v°. des écritures du Défendeur signifiées le 15 Nov. 1785.

Il y avoit aux art. 1ᵉʳ & 2ᵉ du mémoire de ces dettes détaillées en cet Acte tutélaire de 1737, 1°. *quatorze cent soixante & dix livres* qui étoient dues au Sr. de Braux pere, ancien Marchand à Neufchâteau, *portées par différens contrats* * ; & deux cent vingt-neuf livres un sol pour arrérages de rentes : ces dettes avoient été contractées, comme je l'ai dit par mes dernieres écritures & par les précédentes, pour payer les pensions, fournir aux frais d'étude, payer les grades de Mᵉ. de Bourgongne, & pour ses frais de nôces.

Lors & avant le mariage de ce Fils, il fallut encore contracter de nouvelles dettes pour l'habiller, le meubler, & lui fournir sa Bibliothèque ; en sorte que le Pere commun contracta à ce sujet une premiere dette de six cents livres chez *la Dlle. Cherrier*, Marchande à Neufchâteau, dont il y eut contrat obligatoire passé ; il fallut en payer la rente pour deux années, échue jusqu'audit jour 17 Décembre 1737, date de l'acte tutélaire, dont il vient d'être parlé : ces objets sont encore rappelés ès articles 4ᵉ & 5ᵉ de l'état y inséré.

---

* Il est encore à remarquer que le montant de la promesse passée le 16 Septembre 1735, au profit dudit Sr. de Braux, est comprise dans les 1470 liv. déléguées ci-dessus au Sr. de Braux, quoiqu'en dise l'Adversaire à la pag. 23.

2º. Une somme de cinq cent quatre-vingt-douze livres qui étoit aussi due *au Sr. Mouzon*, Marchand en ladite Ville de Neuf-château, par promesse stipulative d'intérêts, qui fut aussi inférée dans cet état, avec vingt-trois livres *pour neuf mois de rente*, portées aux articles 6ᵉ. & 7ᵉ. du même état.

3º. Il fut aussi emprunté, lors de ce mariage, une somme de trois cents livres de la *Dlle. Aingnenin de Lunéville*, par contrat obligatoire, pour payer les meubles. Cette somme, avec quinze livres *pour une année* de rente, sont rapportées aux articles 8ᵉ. & 9ᵉ. du même état.

4º. Enfin *le Sr. Grandjean*, Receveur à Lunéville, *Oncle commun à cause de la Dame de Bourgongne son Épouse*, prêta aussi *pour les frais de nóces*, une somme *de deux cent* livres énoncée en l'article 10ᵉ. dudit état des dettes, rappelée au même acte tutélaire. Toutes ces créances furent acquittées sur le prix de la première vente qui fut faite le 23 dudit mois de Décembre 1737, *environ deux ans après le mariage de Me. de Bourgongne, Avocat*, de la moitié du Gagnage de Sartes, consistant en onze paires de rezaux pour cette moitié.

Les quittances & les titres de ces créances avoient été remis à notre Aïeul lorsqu'il acquitta ces dettes, & *le tout existoit dans les papiers du Défunt ;* mais l'Adversaire s'en étant saisi, *il a eu soin de les mettre de côté ;* c'est, sans doute, l'un des motifs qui l'a déterminé à ne pas faire faire d'inventaire au décès de son Pere ; ces pieces étoient renfermées dans une liasse qui comprenoit encore la promesse des *trois cents livres* qui furent remises à mes Pere & Mere, dont l'Adversaire a eu soin de faire la production dans son Dossier de vingt pieces, afin de charger ses Neveux du rapport de cette somme ; mais il a cru, comme on le verra à la suite, pouvoir se faire décharger du rapport des différentes sommes dont il vient d'être parlé, *à défaut de repré-sentation des pieces justificatives de ces créances.*

Nᵃ.

Piéce 3 de la liasse du Défend. con-posée de 20 piéc.

K

En forte que, comme je l'ai obfervé, ces dettes devant être acquittées avant le partage des fonds, il ne reftoit plus, de tous les Biens de notre Aïeul, que *trente-une paires* à partager. On vient de voir que l'Adverfaire avoit déjà fait abforber onze paires, *pour payer les dettes auxquelles il avoit donné lieu perfonnelle-ment ;* conféquemment il n'avoit plus à prétendre que le quart des trente-une paires dont je viens de parler, ce qui ne faifoit que *fept paires & demie & deux imaux, & non pas dix paires & demie,* comme il l'a fait imprimer : cela fait, conféquemment, déjà *près de trois paires* d'erreur fur cette partie ; encore faudroit-il pour prétendre ces *fept paires & demie,* que fa donation à caufe de nôces, fût en regle à tous égards : mais il avoue implicite-

Fol. 8, rect. des écritures du Défendeur fignifiées le 20 Mars dernier.

ment, au fol. 8ᵉ. rº. de fes fecondes écritures, » que fon Contrat » de mariage *n'a pas été publié ni enrégiftré en la Juftice d'où* » *dépend le Gagnage de vingt-deux paires fitué à Sartes,* « qui, avec celui de vingt paires fitué à Auzainvilliers, formoit la quantité de quarante-deux paires, dont il a fait le calcul à cette page

Page 13.

13ᵉ de fon Imprimé ; conféquemment il avoit encore moins à prétendre *fur ce Gagnage de Sartes,* que fur celui d'Auzainvilliers ; en forte que, quand bien même on lui pafferoit que le feul enrégiftrement fait à Bulgnéville pour Auzainvilliers fuffiroit, fans la formalité effentielle *de la publication* qui devoit être faite en Juftice conformément à l'Édit, l'Adverfaire ne pourroit prétendre que le quart dans ce Gagnage d'Auzainvilliers ; ce qui feroit feulement *cinq paires,* au lieu *des dix* qu'il a cru devoir lui appartenir, comme il le dit dans cet Imprimé ; l'erreur eft donc trop forte pour être adoptée par la Juftice.

Il y a plus : car pour prétendre *ces cinq paires faifant le quart* du foible produit actuel du Gagnage d'Auzainvilliers, *il faudroit que chacun de fes autres Frere & Sœurs en euffent trouvé autant dans la fucceffion du Pere & Auteur commun ;* ce qui n'eft pas poffible, fuivant notre Adverfaire : Au furplus les cinq paires qu'il pourroit prétendre en vertu de fa donation à caufe de nôces, *fi elle eût été en regle, étoient encore fujettes à rapport* de fa part, dès l'inftant de l'ouverture de la fucceffion de fon Pere, qui eft décédé, il y a près de dix ans; & le partage devoit en être fait entre tous les héritiers, dès l'inftant de l'ouverture de cette fucceffion : conféquemment il eft comptable envers fes cohéritiers, de la perception qu'il a faite, depuis ce temps, des revenus de cette moitié de Gagnage, outre le rapport à fa charge des autres objets qui lui ont été ftipulés en dot, dont il doit également compter, ainfi que des intérêts dont j'ai fait mention précédemment. On voit donc, de tout côté, combien on doit tabler fur les affertions de notre Partie adverfe qui eft battue par fes propres pieces.

Il eft actuellement queftion de paffer à ce qu'il raconte de la mort & de l'état de la fucceffion de fon Pere vers le milieu de la page 17ᵉ. de fon Mémoire. Il dit que cette mort arriva le 10ᵉ. Novembre 1776; » *qu'il fit rendre à fon Pere les derniers* » *devoirs, d'une maniere convenable à fa naiffance.* « Il ne craint pas d'ajouter, » *qu'il inftruifit fa famille de cet évènement, & lui* » *fit en même temps connoître l'état des affaires du Défunt.* «

Il feroit fort embarraffé de produire les réponfes qui lui furent faites à ce fujet; car je ne fus inftruit de cette mort, que plus de fix mois après, par des voies étrangeres; il n'en a même fait part à fon Frere, Capitaine en Allemagne, qu'au 11 Juillet 1778, *j'en ai la preuve écrite de fa main;* je fais que mes Freres & Sœurs n'ont été inftruits de ce décès, que par ce que je leur en écrivis dans ce temps; & quoiqu'à cette époque je n'euffe été éloigné que de fix lieues de Nancy, cependant je n'appris cette mort que plus de fix mois après, lors d'un voyage que je fis à Nancy avec ma Fille, époufe à M. Mercier le jeune, Avocat. On voit même, comme je l'ai déjà remarqué, que l'acte mortuaire ne fut figné que d'un étranger & de Mᵉ. de Bourgongne,

Nᵃ.

Page 17.

fils, n'y *ayant eu aucun autre Parent qui ait affifté à cette inhu-*
mation. Je repréfentois cependant fa Sœur ainée ; j'avois même
été nommé au Baptême par ce cher Défunt, & je fus privé de
la confolation de lui rendre mes derniers devoirs, n'ayant pas
appris fa maladie.

Mes autres Freres étant fort éloignés ne pouvoient donc être
inftruits & connoître *en même temps,* comme il le dit, l'état des
affaires du Défunt, qu'ils n'ont jamais connu que par la communication que j'en ai prife & que je leur ai palfée depuis le procès
commencé.

Il continue en difant » *qu'il me fit connoître* en particulier,
» *l'état des chofes, & me montra toutes les pieces ; qu'enfin il*
» *me fit voir qu'il n'y avoit que des dettes dans cette fucceffion.* «
Il devroit cependant fe fouvenir que lorfque je lui fis vifite,
avec ma Fille, vers le mois de Mai 1777, je l'avois engagé à
nous faire voir clair dans les objets, qui (*relativement à la*
donation de 1736 que j'avois en main) pouvoient dépendre de
la fucceffion de notre Aïeul, à raifon des Biens dont il avoit
joui jufqu'à fon décès, enfuite de la rétention d'ufufruit ftipulée
par cette donation ; car jufqu'à cet inftant il n'avoit pas été
poffible de connoître autre chofe que la premiere vente des onze
paires faifant moitié du Gagnage de Sartes, qui avoit été faite
au moi de Décembre 1737, près de deux années après le
mariage de Me. de Bourgongne, *pour payer les dettes auxquelles*
il avoit donné lieu perfonnellement, comme je viens de le
démontrer il n'y a qu'un inftant.

J'avois levé les expéditions des actes relatifs à cette premiere
aliénation dès l'année 1766, *époque à laquelle j'avois été reçu*
Avocat ; j'ai produit ces *expéditions* dans mes pieces ; mais
j'ignorois alors la révocation de cette donation de 1736, qui
fut faite par les foins de notre Adverfaire, au mois de Juillet
1749, ainfi que la vente qu'il fit faire, une année après, du

Page 17 *idem.*

N°.

restant de ce Gagnage de Sartes. Je connoissois encore bien moins la vente à vil prix que M^e. de Bourgongne, fils, avoit fait faire à son profit, de moitié du Gagnage d'Auzainvilliers : mais bien-loin que cet Oncle eût été aussi complaisant qu'il le dit dans son Imprimé, *je ne reçus de sa part que des propos injurieux & peu satisfaisans ;* en sorte que je fus obligé de me retirer sans pouvoir rien terminer amiablement ; *& comme l'intérêt divise tous les hommes,* je ne pouvois prendre M^e. de Bourgongne par un endroit qui lui fût plus sensible ; *indè iræ* : aussi depuis ce temps j'ai eu le malheur de lui déplaire & de perdre sa bienveillance.

Madame de Bourgongne, premiere épouse, existoit encore à cette époque ; il étoit possible d'éteindre toutes prétentions ultérieures par la confusion des droits : c'est dans cette vûe qu'il a fallu patienter & laisser notre Oncle en jouissance, depuis 1776, des objets entiers *dont il ne devoit avoir qu'un quart.* Mes Freres, à qui je fis part de mes réflexions à cet égard, lors de mon voyage à Paris que je fis quelques années après, furent de même sentiment. *Tel est le motif de notre silence,* que l'Adversaire a voulu interpréter autrement, & dont il voudroit tirer les plus grands avantages à la page 3e. & à celle 17e. de son Mémoire.

Il n'a pas employé les mêmes motifs à cet égard : dans ses premieres écritures, au fol. 23e. il dit seulement » *que je m'étois* » bercé de brillantes chimeres ; *que j'avois regardé son second* » *mariage comme un évènement qui les anéantissoit, & que je* » *n'avois pas craint de lui faire à cet instant* la sommation qui » avoit annoncé nos prétentions contre lui : « telles sont ses observations à ce sujet : Il devoit cependant se souvenir que lui-même avoit encore donné lieu à nos réclamations, quelque temps avant son second mariage ; en voici l'époque :

Le 28 Avril 1784, M^e. de Bourgongne ayant eu le malheur

N^{bi}.

Hic.

Pag. 3 & 17.

Fol. 23e. des premières écritures du Défendeur, signifiées le 15 Nov. 1785.

N^{ta}.

de perdre la Dlle. Bexon fa premiere Epoufe, j'avois eu foin de lui rendre exactement mes devoirs pendant fa maladie ; je devois donc attendre que, m'étant fixé à Nancy depuis plus de quatre mois, je ferois inftruit de cette mort par l'ordre de mon Oncle ; mais il en a agi avec moi, à cet égard, *comme il avoit fait lors du décès de fon Pere mon Aïeul maternel ;* & je ne fus également inftruit de la mort de cette premiere Epoufe, que par des voies étrangeres. Je n'ai cependant point manqué à mon devoir de ce côté-là ; & *j'affiftai en robe* au convoi funebre, fans me plaindre en aucune façon des procédés dont on avoit ufé envers moi.

M^e. de Bourgongne fit plus ; & j'ai appris dans ce temps, que des amis de notre Oncle, qui avoient affifté à cette inhumation, s'étant informés fi j'étois un de fes Parens ou quelqu'un de ceux de la Défunte ; *il répondit que je me difois fon Parent, mais que je lui étois allié à un degré fort éloigné,* qu'au furplus *il ne me connoiffoit pas ;* il ne connoiffoit donc pas alors le Fils de fa Sœur ainée. Tel fut encore le motif qui pouvoit me déterminer, *dans ce temps,* à me faire connoître plus particuliérement de ce Parent qui feignoit de me méconnoître, *parce que je lui avois parlé d'intérêt, il y avoit environ huit ans, à raifon de la fucceffion de notre Aïeul.*

Je ne précipitai cependant rien à cet égard ; j'épuifai même, *pendant plus de quatre mois,* toutes les voies de conciliation & tous les procédés honnêtes envers lui. Le Sr. Curé de fa Paroiffe, fon Confeffeur, ainfi qu'un Chanoine de la Primatiale fon ami, & plufieurs autres perfonnes, furent priés d'engager notre Adver-faire à finir amiablement avec nous, *afin de rétablir la paix & l'union (dans la famille :* mais bien-loin de répondre à ces dé-marches refpectueufes, M^e. de Bourgongne fe répandit en pro-pos injurieux contre moi perfonnellement & contre fes autres Neveux ; » Il prétendit *que tous les Biens qui reftoient à fon*

» *Pere lui appartenoient , & qu'il n'avoit aucun compte à*
» *rendre.* «

Il a fait plus encore ; car après environ cinq mois de veuvage , il chercha à fe donner d'autres héritiers que la Dlle. fa
Fille ; & il lui a donné une Belle-mere en convolant à de fecondes nôces, *fans en avoir fait part à fa famille*, il n'avoit pas
même jugé à propos d'en inftruire fon Frere qui réfide en Allemagne ; & celui-ci ne l'a appris que plus de fix mois après, *par
d'autre voie que celle de Me. de Bourgongne.*

Ces procédés peu honnêtes, à tous égards, ne m'ont pas étonné ;
j'avois déjà, comme je viens de le dire , deux preuves effentielles de
fa façon de penfer envers nous ; je ne voulus cependant point agir par
récrimination envers lui, je remis à fon Notaire la minute de la fommation *qui lui a tant déplu ;* j'avois prié celui-ci de la communiquer
à M^e. de Bourgongne, avant d'aller plus loin. Ce fut encore une
tentative particulière qui ne réuffit pas mieux que les autres. En
forte que cette minute étant reftée *plus de huit jours* entre les mains
de cet homme de confiance , elle fut retirée & remife à un Procureur , pour la faire mettre au net & la faire fignifier.

Comme le Mariage projetté étoit demeuré dans le plus grand
fecret, ayant même été célébré un Jeudi 9 Septembre 1784, dans une
Chapelle particulière des environs de Nancy , *& hors l'Églife
Paroiffiale fur laquelle avoit réfidé la future Époufe ;* il arriva malheureufement que ce fut l'onze Septembre, fur-lendemain de ce
Mariage, que l'Huiffier donna fa copie. Ce procédé, *qui eft un pur
effet du hazard*, a beaucoup affecté ce Parent , qui s'en eft plaint
à la page 27e. de fon Mémoire.

Page 27.

N^ta. Elle réfidoit , environ quinze jours avant fon Mariage , *en Chambre garnie ,*
au bas de la rue de la Hache , fur la Paroiffe St. Nicolas.

J'ai occupé cet appartement quelques jours après la fortie de cette Dame, *alors
Veuve Michel de Remiremont.*

Les procédés honnêtes que j'avois employés jusqu'alors pour parvenir à une conciliation avant & lors de cette sommation, ne furent point encore abandonnés de ma part : car m'étant rendu à Neufchâteau pendant les vacances de cette année 1784; (*afin de lever d'autres expéditions qui nous étoient nécessaires*) étant allé ensuite à Auzainvilliers pour y prendre les renseignemens exacts sur la consistance du Gagnage dont notre Oncle s'étoit mis en possession depuis la mort du Pere & Aïeul commun, je dressai, *avec ma famille*, un mémoire détaillé de tous nos droits & prétentions concernant cette succession : ce mémoire fut appuyé des piéces dont j'avois pu avoir des copies ; & de retour à Nancy au vingt - neuvieme Octobre, je remis le tout *à une Dame* qui devoit avoir quelque empire sur l'esprit de M^e. de Bourgongne, *puisqu'elle lui avoit choisi son Epouse actuelle* ; je priai cette Dame, en lui communiquant toutes ces piéces, de l'engager encore à une conciliation.

J'observai par écrit à notre Adversaire, *que ne pouvant & ne devant pas être Juge dans sa propre affaire*, je le priois de s'en rapporter à quelques-uns de MM. nos Confreres ; j'ajoutai que je ne suspecterois pas même *ses deux meilleurs amis*, s'il jugeoit à propos de les choisir ; que j'en nommerois deux autres, au nom de ma famille, & que nous serions jugés *sans bruit & sans éclat*, par des amiables Compositeurs ; *je ne craignois donc pas la lumiere*, & j'avois lieu, à tous égards, de me reposer sur la justice de nos prétentions. *Ces piéces, mémoire & observations sont restés plus de huit jours entre les mains de Me. de Bourgongne*, qui a eu le temps de les examiner.

Tout autre que lui eût été charmé des attentions de ses Neveux & de leur amour pour la paix; mais comme il se croyoit d'autres ressources pour nous lasser, & qu'il me croyoit personnellement trop peu de facultés pour suivre un procès contre lui, il fit réponse pour dernier mot, *qu'il vouloit avoir un Arrêt.*

En conféquence de ce refus, j'ai été obligé de faire la minute d'une requête adreffée au Bailliage de Nancy , pour entamer l'inftance dont il s'agit. Cette minute fut remife à un Procureur pour la mettre au net. Avant de la faire répondre, j'invitai ce Procureur de la communiquer à M^e. de Bourgongne , & de l'engager de nouveau à terminer amiablement. *Ce fut pour lors qu'il imagina qu'on le craignoit* ; & il fit bien plus le difficile : car , comme je l'ai dit, il avoit d'autres vues particulieres. Il prit cependant fur lui *d'aller chez ce Procureur*, pour le prévenir en fa faveur ; il lui tint des propos très à fon avantage & très-injurieux à fes Neveux ; *il finit par dire qu'il efpéroit qu'aucun autre ne me prêteroit fon miniftere ;* il tâcha enfin de me décréditer , comme il l'a fait faire à la Cour, & comme il l'a encore fait par fon Imprimé ; malheureufement, cela n'a pas réuffi jufqu'à préfent.

Tous ces procédés peu honnêtes ne m'étonnerent pas , *je devois m'attendre à tout de ce côté-là* ; cependant je patientai depuis le mois de Novembre jufqu'au mois de Janvier 1785 avant de faire répondre ma requête. *J'avois qualité fuffifante , comme ainé de ma famille , pour intenter feul la demande en remife des titres*, à la repréfentation de la Dame Marie-Marguerite de Bourgongne ma Mere , *ainée des Enfans de feu le Sr. François-Dominique de Bourgongne mon Aïeul*, pour , en cette qualité , procéder aux partages des fonds dépendans de cette fucceffion. L'Adverfaire a cru trouver un fort argument en fa faveur , lorfqu'il a vu que » *mes autres cohéritiers n'avoient pas été dénommés dans les* » *qualités de cette demande* « ; & il a induit de-là , à la page 3e. de fon Imprimé , » que tous les autres *font perfuadés qu'ils* » *n'ont pas la moindre chofe à répéter.* «

Cette requête ayant été répondue, le dix dudit mois de Janvier, d'une permiffion d'affigner ; M^e. de Bourgongne s'eft hâté d'ufer de fon droit de *committimus*, & de faire porter l'affaire aux Requêtes du Palais, où elle a été plaidée. Dans cet *inté-*

N¹.

Page 3.
N². idem.

10 Janvier 1785.

N³.

L

rim, on avoit voulu engager le Défenſeur *de Me. de Bourgongne* à entrer en conciliation ; mais comme il étoit trop imbu des principes qui faiſoient agir ſon Client, cela n'a pu également rien opérer. Tel eſt le détail des Faits & de la Procédure.

Il eſt temps actuellement de paſſer à la réfutation des quatre propoſitions annoncées par notre Adverſaire, à la page 5ᵉ. de ſon Imprimé, dont il tâche d'établir la premiere à la page 18ᵉ. elle conſiſte, ſuivant lui, à prouver » que le Sr. de Bourgongne » ſon Pere n'a pas laiſſé de ſucceſſion «.

R É F U T A T I O N

De la premiere Propoſition de Me. de Bourgongne.

Il dit en premier lieu, » *qu'en 1736 ſon Pere n'avoit pour* » *toute fortune immobiliaie, que quarante-deux paires.* « On voit qu'il ne parle pas du mobilier ; il l'a cependant fait eſtimer à une modique ſomme *de quatre mille livres*, au nom de la Dlle. Théreſe de Bourgongne ſa Sœur, par l'acte qu'il a fait lui-même, & qu'il a fait rédiger pardevant Notaire, pour faire croire que cette Demoiſelle avoit renoncé à la donation entre-vifs faite par ſon Pere le 7 Juillet de cette année 1736, à raiſon du quart qui lui avenoit, ainſi qu'à ſes autres Frere & Sœurs, dans les Biens de cet Aïeul. Cette renonciation a été rédigée le 25 Septembre 1784, *quarante-huit ans* après cette donation, & environ quinze jours après la ſommation que j'avois fait faire à Mᶜ. de Bourgongne le 11 du même mois de Septembre.

Le contenu de ce ſecond Acte ſera donné par note à la fin du préſent Mémoire, avec d'autres piéces eſſentielles à la cauſe.

Il eſt bon de remarquer en paſſant que lors de la célébration du ſecond mariage de Mᵉ. de Bourgongne, il n'y eut d'autres Parens qui y aſſiſtèrent que la Dlle. ſa Fille ; la nouvelle de cette union affecta tellement la Dlle. Théreſe de Bourgongne, *Sœur du nouvel Époux*, qu'elle en tomba malade, il eſt encore à remarquer *qu'elle fut adminiſtrée préciſément le même jour de la rédaction de l'Acte dont il vient d'être parlé.* On eut ſoin de tenir près de la malade, *ou plutôt de la moribonde,* deux confidens & bons amis de notre Adverſaire qui furent préſens *& ne deſemparèrent pas lors de la rédaction,* ce ſont les propres termes de l'Acte dont il s'agit, outre les deux témoins; cet Acte fut encore reçu pardevant deux Notaires de Nancy; mais on peut dire au cas particulier, *comme* dans l'Acte du 1er. Février 1751, *nimia præcautio dolus.* Malheureuſement encore, la renonçante *ne put ſigner* ce qu'on avoit rédigé en ſa préſence, & peut-être même hors de ſa connoiſſance, étant alors *in extremis.*

On donne une raiſon ſingulière du défaut de ſignature de cette Demoiſelle, il eſt dit enfin de cet Acte, » que les Notaires ayant in- » terpellé ladite Demoiſelle comparante de ſigner, a fait réponſe que » depuis nombre d'années *elle eſt attaquée d'une maladie qui lui ôte* » *l'uſage d'écrire.* « Il eſt à remarquer que cette Demoiſelle *étoit attaquée de vapeurs;* & on n'a jamais ouï dire que les vapeurs ayent ôté l'uſage d'écrire; on auroit donc plutôt dû inférer, *qu'alors elle étoit moribonde.* Cette obſervation n'eſt faite qu'en paſſant. Le ſurplus ſera relevé lors de la diſcuſſion des objets qui dépendent de cette ſucceſſion qui vient d'être ouverte le 24 Août dernier, par le décès de cette Demoiſelle.

Notre Adverſaire parle enſuite en très-peu de mots à cette page 18e. de ſon Imprimé, de la vente faite en 1737, *pour payer les dettes auxquelles il avoit donné lieu perſonnellement;* il dit : » *Qu'en 1750, ſon Père vendit ce qui reſtoit du Gagnage de* » *Sartes;* « il ajoute » *que cet Auteur commun ratifia en même* » *temps la vente que les Sieur & Dame Hennequin avoient* » *fait des quatre paires dont l'uſufruit leur avoit été cédé ſur* » *ce Gagnage.* « Je lui ai demandé inutilement juſqu'à préſent la repréſentation *de la copie du Contrat de vente de ces quatre paires*, pour juftifier ce qu'il a avancé à ce fujet ; mais il n'a pu faire cette production parceque cet Acte n'exifte pas ; il penfe, fans doute, qu'on doit l'en croire fur fa parole ; il en eft de même lorfqu'il dit » *que ces deux ventes de 1737 & 1750, ont* » *été faites pour payer les dettes du Sr. de Bourgongne pere, &* » *celles des Sieur & Dame Hennequin.* « Mais pour contredits à cet égard, il fuffit d'employer ce que j'ai dit précédemment dans la déduction des faits & dans l'établiffement des moyens de la Caufe.

Le Défendeur ajoute enfuite à la même pag. 18ᵉ. » *que le Gagnage* » *fitué à Auzainvilliers ne rapportoit que vingt paires ; qu'en* » *1756, lui, Me. de Bourgongne, en acheta la moitié ;* « & il ne peut fe laffer de dire, » *que par fon contrat de mariage, il* avoit l'autre moitié. « Je lui ai déjà prouvé dix fois le contraire ; mais il ne peut ceffer d'écrire & de faire imprimer des fuppofitions ; il en propofe encore une, quelques lignes plus bas, qui eft auffi ridicule que déplacée.

Suppofons, dit-il, » *qu'en 1756, au lieu de la moitié, il acheta* » *tout le Gagnage ; en fe réglant, d'après la moitié vendue, cela* » *auroit fait* neuf mille livres. « *Il ajoute avec une parenthefe :* » *Et il faut remarquer que dans le contrat de vente, l'autre* » *moitié fut effectivement eftimée comme celle vendue.* « Voilà une belle hypothefe ; elle feroit affurément très-favorable à notre Adverfaire, fi elle pouvoit foutenir les regards de la Juftice. Il faut très-fortement abonder dans fon fens, comme je l'ai dit, pour propofer une fuppofition femblable ; & il argumente donc au cas particulier, *de fuppofito falfo.* Je lui ai cependant fait connoître dans l'établiffement des Moyens, que fa prétendue acquifition étoit nulle & faite à très-vil prix ; je le lui ai auffi démontré par mes écritures, & je crois l'avoir également établi dans ce Mémoire. Mais comme fa donation à caufe de nôces étoit radicalement nulle, *à défaut d'infinua-*

tion, il a fallu se retourner d'un autre côté. Il a imaginé que, comme par sa prétendue acquisition, il avoit fait *esti-mer* l'autre moitié de ce Gagnage au même prix que celui qu'il avoit fixé lui-même pour celle vendue, afin de perce-voir le canon en entier & en especes, des mains du Fermier; il a pensé que cette estimation pouvoit suffire pour s'approprier à vil prix cette moitié *du plus beau Bien de la famille:* il doit cependant savoir qu'une *estimation* ne fut jamais une *aliénation;* & sous prétexte qu'il avoit fait faire cette estimation pour payer le prix de l'autre moitié du canon sur le pied de l'intérêt de cette esti-mation du fonds, il ne devoit pas penser que, *sans aucun titre translatif de propriété à ce sujet,* il pouvoit s'emparer de cette seconde moitié qui ne lui avoit pas été vendue. Voilà cependant à quoi aboutit *la solution de son hypothese singuliere;* car j'ai déjà dit, que, depuis plus de trente ans, on a offert *trente mille livres* de ce Bien qu'il voudroit s'approprier, comme on le voit, pour une modique somme *de neuf mille livres;* encore dit-il avoir payé *sans bourse délier.* Cette erreur est impardonna-ble à un habile Jurisconsulte comme M^e. de Bourgongne, » *qui » a vieilli avec distinction dans la profession d'Avocat, & qui » doit entendre les affaires :* « mais malheureusement, il paroît au cas particulier, que l'on est souvent aveugle dans son propre intérêt.

Par mes secondes écritures, j'ai observé, qu'ensuite de la pro-duction que fit M^e. de Bourgongne, de la grosse de son Contrat de Mariage, on y remarquoit que sa donation à cause de nôces n'avoit pas été enrégistrée *au Greffe de la Justice de Pontpierre* d'où dépend le Gagnage de *vingt-deux* paires, situé à Sartes, que n'ayant pas aussi été publiée judiciairement à l'Audience, il n'avoit rien eu à prétendre dans le quart de ce Gagnage; & j'avois pré-sumé » *que par des raisons particulières il avoit négligé ses intérêts » à cet égard.* « Je lui avois même rendu assez de Justice, en di-sant : »Qu'il avoit cru pouvoir se déporter de tous droits sur cette par-

tie, parcequ'il avoit vu son Pere *disposé à aliéner* onze paires, *pour*
» *acquitter les dettes auxquelles il avoit donné lieu ;* ce qui lui faisoit
» un avantage réel, *puisque suivant cette donation, & suivant son*
» *propre système, il ne pouvoit espérer que* dix paires & demie sur tous
les Biens. » J'ai ajouté qu'il se mit donc fort peu en peine de se conformer à l'Édit des insinuations, *pour ce qui concernoit le Gagnage de*
Sartes. J'ai cependant observé qu'il avoit tiré personnellement une
assez forte partie du prix de la seconde Vente qu'il fit faire en 1750.
Je lui ai encore dit qu'il n'avoit également *aucune prétention réelle à*
former en vertu de cette même donation *sur le Gagnage d'Auzain-*
villiers, puisqu'il étoit rempli & au-delà de ce qu'il pouvoit prétendre
des Biens de son Pere, & je lui ai encore ajouté qu'il devoit donc,
comme il paroissoit l'avoir fait, » se fixer tout entier sur la fortune
» assez considérable qu'il venoit de s'assurer, par son Mariage avec la
» Dlle. Bexon; qu'enfin on n'avoit jamais pensé jusqu'alors, qu'il dut
« porter ses vues sur ce qui restoit à son Pere, puisque d'après la
» première Vente des onze paires faite en 1737, *il n'y avoit plus*
» *que dix paires à espérer pour chacun des trois Enfans.* » Mais
forcé de répondre à ces objections, il n'a pas craint de dire au
fol. 8e. de ses dernières écritures du 20 Mars : » *Qu'il est infini-*
» *ment probable que ce Contrat de mariage a été insinué en la Justice*
» *d'où dépend le Village de Sartes.* » Et pour se retourner & se défendre encore mieux, il ajoute : » *Que si on ne l'a pas fait insinuer*
» *en ce Siége, c'est que quelque temps après la Vente d'une grande*
» *partie du Gagnage de Sartes* étant dévenue nécessaire, on comprit
» *qu'il étoit inutile de remplir, pour ce Gagnage, une formalité qui*
» *tendit à assurer l'exécution d'un Acte qui, qui sans cela, pour-*
» *roit avoir son exécution* sur le Gagnage d'Auzainvilliers.

Il s'est donc persuadé dès ce temps-là que le Gagnage d'Auzainvilliers devoit infailliblement lui appartenir. On voit encore par
ce raisonnement que M^e. de Bourgonne avoit la préscience de ce
qu'il feroit à la suite pour se débarasser de tout le Gagnage de

Sartes, afin de fe fixer en entier fur celui d'Auzainvilliers. Il prévoyoit, fuivant lui, la vente qui en fut faite au mois de Décembre 1737, mais elle n'étoit que de moitié de ce Gagnage, il reftoit encore l'autre moitié, qui ne fut vendue, par fes ordres, que plus de treize années après, dans le courant du même mois de Décembre 1750; conféquemment il auroit pu fe conformer à l'Édit pour cette partie qui reftoit à fon Pere, après l'acquittement des dettes hypothéquées jufqu'alors fur tous les Biens de notre Ayeul commun. On voit donc que fon raifonnement tombe à faux fur cette partie. Il eft encore moins vrai, comme il le dit : » *Qu'à défaut d'avoir rempli cette* » *formalité pour le Gagnage de Sartes, cette donation ait pu ou dû* » *avoir fon exécution fur celui* d'Auzainvilliers.

Il a cependant tellement fuivi cette fpéculation, qu'il a fait ftipuler dans fa prétendue acquifition du mois de Février 1756 : » *Que l'autre* » *moitié du Gagnage d'Auzainvilliers lui appartenoit en vertu de fon* » *Contrat de mariage.* « Il l'a même foutenu ainfi dans le cours du procès, & il n'a pu fe laffer de le répéter dans fon Imprimé. Mais comme on plaide à toutes fins, voyant qu'il ne pouvoit fe tirer d'affaire de ce côté-là, il a cru, par les obfervations que je viens d'analifer, qu'il avoit trouvé un autre moyen pour retenir en fes mains la totalité de ce Gagnage, *fans aucun titre tranflatif de propriété pour cette dernière moitié,* comme je l'ai déja dit.

Je fuis encore obligé de répéter que d'après l'Acte fingulier dont fe prévaut notre Adverfaire, il a furchargé fes premières écritures d'un calcul immenfe; d'après lequel il croit avoir fait connoître, comme il le répéte à la page 19 de fon Mémoire : » *Qu'en 1769, 28 Juillet, lui* » *Me. de Bourgongne, avoit payé le prix de la totalité du Gagnage* » *d'Auzainvilliers,* « parcequ'il avoit nourri & logé chez lui fon Pere & fa Sœur depuis 1757, même époque du vingt-huit Juillet, » *& qu'a-* » *lors il ne revenoit plus à fon Pere que 131 liv. 14 f. 10 d.* « d'après les fommes confidérables qu'il répéte pour les penfions de ces deux perfonnes; enfin parcequ'il n'a fixé arbitrairement la valeur de ce Gagnage

Page 19.

qu'à 9000 liv. tandis qu'il eft prouvé que c'eft un objet de la valeur intrinféque de plus de *trente mille livres*. Il croit qu'il eft quitte à tous égards, que même il lui eft redu.

Pour anéantir le calcul erronné préfenté par M^e. de Bourgongne, je lui ai prouvé précédemment, qu'en fe fixant même fur fa prétendue acquifition, & fur la rente qu'il s'eft obligé de payer pour l'autre moitié de ce Gagnage, *dont fon Pere avoit l'ufufruit*, j'ai démontré *que notre Ayeul commun avoit des revenus & au de-là pour payer fa penfion & fon entretien* jufqu'à fon décès ; que même fon Fils étoit reliquataire fur ces revenus *de mille fept cent quarante-trois livres* d'excédant de ces mêmes revenus, outre *trois mille trois cent trente-quatre livres* qui reviendroient encore fur le capital de cette prétendue acquifition, (fi elle pouvoit avoir lieu) à ce moyen l'autre moitié de ce Gagnage d'Auzainvilliers , dont l'Adverfaire voudroit s'emparer, *demeureroit encore intacte* & feroit à partager ou à liciter entre tous les cohéritiers, qui pourroient facilement tirer près de *feize mille livres* de cette moitié, s'ils la vendoient en détail. Celà fait près des trois quarts au de-là de l'eftimation fixée par le prétendu Contrat de Vente fait pour l'autre moitié de ce Gagnage en l'année 1756.

On ne fera donc plus étonné que M^e. de Bougongne ait propofé un fyftéme auffi erroné, fi l'on confidère que s'étant engagé un peu trop légérement dans une difcuffion avec fes Neveux ; il a tâché de perfuader *que les penfions avoient abforbé le prix & la valeur des fonds dont il s'eft emparé.* Il avoit au furplus, répandu dans le public, depuis nombre d'années, qu'il avoit été obligé de retirer fon Pere & fa Sœur chez lui, *parce qu'ils n'avoient pas de quoi vivre, & qu'il les nourriffoit par charité.* On a cependant vu le contraire jufqu'à préfent.

En forte qu'ayant conclu à la nullité de la prétendue vente de moitié du Gagnage d'Auzainvilliers, par les motifs employés à ce fujet ; ayant encore prouvé que l'autre moitié ne devoit pas appartenir à notre Adverfaire, en vertu de fon contrat de mariage,

& que cette partie ne pouvoit refter entre fes mains, *fous prétexte qu'il lui étoit dû des penfions de fon Pere & de fa Sœur.* Il s'enfuit donc que la totalité de ce Gagnage fera à partager en quatre portions, qui produiront à-peu-près *huit mille livres à chaque cohéritier*, pour cet objet feulement, *outre les revenus échus depuis dix années;* il y aura encore, au-delà de cette fomme, la valeur du mobilier dont l'Adverfaire doit compter pour avoir reçu le prix de la partie qui fut vendue, & fait conduire le furplus chez lui lorfque fon Pere y eft venu réfider; enfin, il y aura auffi à ajouter le montant des autres objets, à fa charge, tant *à raifon de fa dot*, que pour ce qu'il a touché de la vente de ce qui reftoit du Gagnage de Sartes, ainfi que l'excédant du revenu des fonds, dont il doit également compter; *en forte que fur le quart de tous ces objets, qui doit revenir à la Dlle. Thérefe de Bourgongne qui vient de décéder, & qui forment un gros de plus de cinquante mille livres pour la totalité*, comme je l'ai déjà dit, il y aura plus qu'en fuffifance pour payer la modique penfion que fon Frere peut lui répéter, en déduifant cependant la valeur de fes ouvrages, enfuite des preuves qui feront adminiftrées à ce fujet.

D'après cela, Mᵉ. de Bourgongne n'aura pas à fe plaindre; il ne pourra d'ailleurs rien reprocher à ma famille, dont les individus lui tiendront exactement compte de ce qu'il montrera avoir fait pour eux. Il ne falloit donc pas qu'il cherchât, par tant de foins & d'inquiétudes, à ajouter *le plus beau des Biens de fa famille*, à fes poffeffions, qui font affez confidérables pour remplir fon ambition.

En ce qui concerne le mobilier, Mᵉ. de Bourgongne ajoute au bas de la page 19ᵉ. de fon Imprimé, que » *quant aux meubles, fon Pere vendit, en 1750, ceux qu'il avoit; & que dans le Traité du mois de Février fuivant, il déclara* que le prix de » cette vente avoit été employé à payer fes dettes. « Il croit, comme je l'ai déjà dit, que fon acte fous feing-privé de 1751,

M

Nᵘ.

Nⁿᵃ. id.

Page 19.

peut détruire ce qui exifte contre lui, *jufques dans fes propres piéces ;* je lui ai cependant fait connoître que cette vente de meubles, faite en 1750 lors du premier voyage de fon Pere à Nancy, *ne contenoit que quelques vieux meubles.* J'ai ajouté, que pour en être convaincu il fuffifoit de prendre lecture de l'exploit qui eft repréfenté, piéce 6ᵉ. de la liaffe de vingt, produite par le Défendeur : *on y voit que tout étoit vieux,* & que l'on n'a vendu que ce qui ne pouvoit être tranfporté à Nancy ; enfin le furplus a été conduit chez Mᵉ. de Bourgongne, *comme armoires, lits, linges de ménage, &c. &c.* j'en ai offert la preuve teftimoniale.

Je lui ai encore prouvé, *par cet exploit même*, que la Dlle. de Braux fon agente avoit touché le montant de cette vente pour le lui remettre. Il eft donc encore fuppofé qu'on en ait employé le produit *à payer les dettes de M. fon Pere.* Si cela a été ainfi, il doit en compter & repréfenter les quittances.

Il ajoute encore à la page 20ᵉ. que lorfque fon Pere retourna à Nancy en 1757, » *je fuis convenu que le mobilier qui exiftoit* » *alors, ne fut vendu que 150 livres ; & que depuis vingt années* » *qui fe font écoulées jufqu'à fa mort, il trouva moyen de dépenfer* » *cette chétive fomme.* « Si l'on examine ce que j'ai dit à ce fujet par mes écritures ; on y verra le contraire de ce qu'il avance à cet égard. Et en effet j'ai dit » *qu'en cette année 1757,* » *on ne vendit encore que les gros meubles qui ne pouvoient* » *être tranfportés à Nancy ; que les effets les plus effentiels* » *& les plus précieux* furent reconduits chez notre Adverfaire ; « & pour toute folution à cet égard, j'ai encore offert de prouver ces faits.

Il réfulte de ce qui vient d'être dit, que M. de Bourgongne pere a laiffé une fucceffion *compofée de meubles & d'immeubles*, outre l'excédant du revenu des fonds, avec les fommes que le Défendeur s'eft appropriées, qui proviennent des différentes ventes qu'il a fait faire. Tous ces objets joints à ce que

M^e. de Bourgongne fils & les autres cohéritiers doivent rapporter en maſſe, compoſent l'émolument de cette ſucceſſion ; conſéquemment il y avoit donc réellement une *ſucceſſion*, nonobſtant les aſſertions que notre Adverſaire propoſe au contraire ; il auroit donc dû en faire faire inventaire au décès du Pere & Aïeul commun,

RÉFUTATION
De la ſeconde Propoſition.

DANS la ſeconde Propoſition de notre Adverſaire, il a imaginé qu'il pouvoit prouver, » *que s'il y avoit une ſucceſſion,* » ſes Neveux, qu'il nomme ſeulement *les héritiers de la Dame* » *Hennequin, n'auroient rien à y prétendre.* «

Pour parvenir à la preuve de ce paradoxe, il répéte encore aux pages 20e. & 21e. ce qu'il a dit *au moins dix fois*, tant dans ſes écritures que dans ſon Mémoire. Il commence par ſoutenir de nouveau, » *qu'il n'y avoit aucuns meubles ni immeubles qui puſſent* » *compoſer la ſucceſſion de ſon Pere.* « Je viens cependant de lui prouver le contraire. Il ajoute, » *que cette ſucceſſion ne pouvoit* » *être compoſée que de ce que les Enfans de ſon Pere ont eu &* » *de ce qu'ils doivent rapporter.* «

Il ajoute enſuite les rapports qui, ſuivant lui, doivent être faits par les Enfans de ſa Sœur aînée ; mais nous verrons dans la troiſième propoſition qu'il croit qu'on ne peut rien mettre à ſa charge perſonnelle. C'eſt pour écarter ſes Neveux de toute répétition dans la ſucceſſion de leur Ayeul, qu'il a fait l'impoſſible pour groſſir les objets à leur charge, & pour leur créer des dettes imaginaires ; il n'employe même que de ſimples allégations, dénuées de preuves, pour la plus forte partie. Il commence le détail de ces prétendus rapports à la charge de ſes Neveux, par celui où il auroit dû finir en ſuivant les époques & les dates,

Pag. 20 & 21.

Il devoit donc commencer par la fomme de *trois cent livres*, qui fait le reftant de la première Vente des onze paires du Gagnage de Sartes, ce modique objet fut confié à nos Pere & Mere, fuivant leur re-

31 Déc. 1737.

connoiffance du 31 Décembre 1737. L'Adverfaire a eu foin de con-ferver cette piéce qu'il a trouvée dans les papiers de fon Pere, *il fe les eft appropriés fans en avoir fait faire inventaire* lors du décès de cet Auteur commun, arrivé le 10 Novembre 1776. Il avoue ce dernier fait dans la piéce 7ᵉ. d'une de fes liaffes de 13 piéces. C'eft la minute d'une lettre écrite par notre Adverfaire à l'Abbé Collenot, alors Vicaire à Neufchâteau, en parlant d'une fondation, il dit: » Je ne connoiffois » la fondation de Dominique de Bourgongne, mon Ayeul, que par » la lecture du Teftament *que j'ai trouvé dans les papiers de mon Père.* » Il s'étoit donc déja emparé de ces papiers à cette époque ; en forte que dans la liaffe qui renfermoit la promeffe de mes Pere & Mere, il exiftoit encore les quittances des fommes payées fur le produit de cette Vente faite en 1737, pour acquitter les créances auxquelles Mᵉ. de Bourgongne fils avoit donné lieu perfonnellement, & dont j'ai fait mention précédemment. J'ai déja dit qu'il avoit eu foin de mettre ces dernières pièces de côté, parcequ'elles étoient contraires à fes intérêts. Il n'a donc confervé & il ne produit au procès que celles qu'il croit être contraires à fes Neveux, *pour les exclure, à ce qu'il prétend, de la fucceffion de leur Ayeul.*

Ainfi, dès qu'il y avoit des meubles & des fonds avec des titres & papiers ; y ayant auffi des héritiers préfomptifs mineurs & des abfens, il auroit dû, pour fa décharge, faire appofer les fcellés fur ces titres & papiers ; fe purger par ferment, lui, fon Epoufe, & les autres individus qui étoient alors à la Maifon, qu'il n'en avoit été fouftrait ni diverti aucun ; en forte que tout eut été en règle, *fauf l'information du recélé.* Mais il s'excufe fur cela vers le milieu de fes premières écritures du 15 Novembre 1785, en difant : » *Qu'en*

Ecritures du Dé-fendeur fignifiées le 15 Nov. 1785.

» *fuppofant qu'on auroit dû prendre ces précautions,* c'étoit l'affaire » du Miniftère public, *du moins ce n'étoit pas plus celle du Suppliant*

» *que des autres Parens.* « Voilà comme il croit se tirer de cette obligation indifpenfable qu'il auroit dû remplir à tous égards.

Quoique le titre de cette reconnoiffance, paffé par mes Pere & Mere, en 1737, fut refté fans réclamation *depuis plus de quarante ans, & conféquemment fujet à la prefcription,* cependant nous ferons état de cette fomme pour les trois quarts, ainfi que des intérêts depuis le décès de l'Auteur commun, *fi le Défendeur eft de bonne foi pour ce qui le concerne,* & pour ce qui eft à fa charge, outre le prix *du lit & de l'armoire* promis par le Contrat de mariage de mes Pere & Mere, en date du 24 Septembre 1730, quoiqu'il n'y ait aucune quittance à ce fujet que notre Adverfaire ait pu produire, il n'a pas cru devoir comprendre cet objet dans le nombre de fes autres répétitions.

24 Sept. 1730.

S'il eut produit copie de la prétendue Vente des *quatre paires dont l'ufufruit avoit été donné à feu ma Mere,* par fon Contrat de mariage, il eft certain qu'il n'y auroit pas eu de conteftation à cet égard, pour le prix, qui en eut été rapporté en efpéce ; mais le Défendeur n'a pu rien juftifier à cet égard, comme je l'ai dit, quoiqu'il en ait été interpellé différentes fois dans le cours de l'appointement. On peu donc lui oppofer à cet égard l'adage trivial *De his quæ non funt aut non apparent idem eft judicium.* Il faut donc encore mettre cet objet de côté.

Il ne refte plus à difcuter que ce qui a été indûment acquitté entre les mains des Cordeliers de Neufchâteau, provenant de la Vente que le Défendeur a fait faire en 1750, *fous fon cautionnement,* de ce qui reftoit du Gagnage de Sartes, *d'après la première vente qui fut faite en 1737.* J'ai fait connoître précédemment, (en fuivant les époques des différentes opérations de notre Adverfaire) que non-feulement cette fomme ne pouvoit être mife au compte de fes Neveux, mais encore qu'il étoit garant envers fes cohéritiers, du recouvrement de cette créance, *dont il avoit retenu les titres, qui étoient tombés dans la prefcriptio* j'ai auffi fait voir que ce qui reftoit du prix de cette feconde aliénation, ainfi que de celui du canon, avoit été remis à M^e. de

Bourgongne, & qu'il l'avoit perçu des mains de la Dlle. de Braux, son agente, cela est prouvé par deux lettres qui existent dans sa liasse de vingt piéces. J'emploie ce qui a été dit à cet égard, pour ne pas imiter notre Adversaire, qui ne cesse d'user de redites.

On voit donc qu'en vain notre Parent a voulu nous créer des dettes, qui n'existent que dans son imagination ; mais il falloit, suivant lui, nous ôter toute espéce de droit à la succession de notre Ayeul, afin de se conserver injustement la possession des Biens qui en dépendent.

RÉFUTATION
De la troisième Proposition.

Page 22.

A la pag. 22e, l'Adversaire dit : » *Qu'il va répandre un nouveau jour dans son affaire, en faisant voir par sa troisième Proposition :*
» *Que lui, Me. de Bourgongne, sans avoir rien eu de son Pere,*
» *étoit, à sa mort, son créancier d'une somme considérable.*

Il commence par dire, & par poser en principe, que les frais d'éducation ne se comptent pas dans le partage d'une succession. Il ajoute : » *Qu'il est bien aise de faire voir qu'il n'a rien coûté, ou du*
» *moins presque rien coûté à son Pere, pour la sienne ; qu'il fit ses*
» *études à Lunéville, demeurant chez la Dame Grandjean sa Tante,*
» *qui le logeoit, le nourrissoit & l'entretenoit gratuitement.*

Si cela étoit ainsi, il n'a guère profité des exemples de générosité de cette Tante, puisqu'il veut aujourd'hui montrer le contraire, en soutenant que pour avoir *logé* & *nourri* son Pere pendant quelques années, & pour *avoir payé quelques pensions de sa Sœur*, il se croit en droit de s'emparer de tous les Biens qui restent à sa famille, par sa seule qualité de créancier fictif & sans aucun titre translatif de propriété pour cet objet. On a encore vû dans tout le cours du procès & dans l'établissement de sa seconde Proposition, comment il voudroit en agir avec ſes Neveux, pour les fruſtrer de la part qu'ils doivent légitimement prétendre dans la ſucceſſion de leur Ayeul, à la repréſentation de la Dame leur Mere.

Notre Adverſaire en diſant » *qu'il a fait ſes premières études à Lunéville* « ne ſe ſouvient plus, ſans doute, que dans ce temps-là & pluſieurs années après, *il y avoit un très-bon Régent à Neufchâteau, ſous lequel il a fait ſes premières études juſques la Réthorique incluſivement.* Je vais lui citer une époque qui l'en fera peut-être ſouvenir. Lors de ſes Humanités le Régent donna pour devoir aux Ecoliers de cette claſſe, de faire l'analiſe d'un des Sermons de l'Octave des Morts; *l'aîné de Bourgongne fut celui qui y réuſſit le mieux & emporta le prix ſur ſes condiſciples.* J'ai été inſtruit de cette annecdote par le même Régent, ſous lequel j'ai commencé mes premières études. Si M^e. de Bourgongne ne datoit pas de plus de ſoixante ans, ce fait ſeroit atteſté par ceux de ſa claſſe. Il n'eſt pas étonnant qu'à l'âge où il eſt parvenu, il puiſſe ainſi manquer de mémoire, ſur-tout lorſqu'il eſt queſtion d'intérêt.

Il avoit déjà manqué de mémoire, lorſqu'il a aſſuré, à la page 15e. de ſon Imprimé & dans ſes écritures, que la Dlle. ſa Sœur étoit venue réſider chez lui avec ſon Pere, en Juillet ou Août 1757, *& que depuis ce temps ils avoient été ſes Penſionnaires;* tandis que j'ai prouvé littéralement, qu'à cette époque & même pendant plus de huit années après, il avoit placé ſa Sœur au Couvent à Saint-Nicolas. Il faut donc qu'il convienne encore ici, qu'il s'eſt fortement trompé.

Il rencontre plus juſte, lorſqu'il dit qu'il a fait ſa Philoſophie à Strasbourg; mais il emploie encore une ſuppoſition dans la ſuite de cette narration, en diſant » que ſa penſion ne coûta rien à » ſon Pere; *parce que la Dame Grandjean ſa Tante prit chez elle* » *par échange, un jeune homme qui vouloit apprendre le françois.* « La preuve qu'il donne *que cela ne coûta rien à ſon Pere*, eſt aſſez ſinguliere, je vais y revenir dans un inſtant.

En attendant, j'obferverai que dans ce temps la Cour de Lorraine étoit très-brillante , & elle y attiroit beaucoup d'étrangers qui payoient de fort cheres penfions, les Pere & Mere qui n'étoient pas affés aifés tâchoient d'avoir des échanges ; en forte qu'on en cherchoit par-tout à Lunéville ; mais il n'en étoit pas de même à Neufchâteau où la jeuneffe étrangère n'auroit pas trouvée les mêmes avantages & les mêmes Précepteurs pour les Langues & pour l'éducation, comme on en trouvoit à Lunéville.

M. de Bourgongne pere s'arrangea donc avec fon Beau-frere à ce fujet ; le Sr. Grandjean notre Oncle à caufe de fon Epoufe, prit l'échange chez lui, & fon Beau-frere l'indemnifa de la penfion du jeune homme étranger. Peut - être ne fût - elle pas auffi chere que pour un autre ; voilà toute la grace qu'on lui fit.

Au furplus il n'eft pas croyable » *que les Sieur & Dame* » *Grandjean ayent faits tous les frais de l'éducation de leur* » *Neveu ;* « ils avoient alors quatres Enfans, ainfi que le Sr. de Bourgongne leur Frere & Beau-frere ; il n'étoit donc pas naturel qu'ils facrifiaffent les intérêts de leurs propres Enfans pour ce Neveu. La preuve qui exifte par écrit de ce qui vient d'être dit, *c'eft la délégation faite au profit dudit Sr. Grandjean , à raifon des deux cent livres qu'il avoit prêté en Janvier 1736, pour le mariage de fon Neveu ;* il a été payé de cette fomme en Décembre 1737, près de deux ans après, fur le prix de la première vente qui fut faite des onze paires, faifant moitié du Gagnage de Sartes. Cette preuve, je le répéte, eft plus que fuffifante pour démontrer *que M. de Bourgongne pere n'en étoit pas quitte pour fon Fils, & que celui-ci n'étoit pas remplacé gratuitement par un Etranger chez fes Parens.* Cette preuve vaut infiniment mieux que la conjecture propofée à ce fujet par Me. de Bourgongne, à raifon des lettres qui étoient écrites au Sr. Grandjean par fes Profeffeurs.

Il paroît même que notre Adverfaire n'a fait mention des lettres de ſes Profeſſeurs que pour montrer au public les progrès qu'il faiſoit alors dans les ſciences, il auroit pu ſe diſpenſer de les produire au Procès; telle eſt encore la production qu'il y a joint des Lettres de diſpenſe de réſidence accordées par le feu Duc François, *qui coutèrent beaucoup à ſon Pere, ainſi que les droits de l'Univerſité & ſa réception à la Cour.*

Tous ces objets ont occaſionnés des emprunts faits à cet époque chez le Sr. de Braux pere, qui ont auſſi été acquités ſur le prix de la première vente faite en 1737, dont je viens de parler. Il eſt vrai comme il l'a dit à la page 23ᵉ. » *qu'il a couté très-peu* » *de choſe à ſon Pere pour ſon éducation,* « puiſqu'on a réduit le montant du tout à mille livres payées ſur cette vente, ſans compter le rachat de ſa Nobleſſe qu'il a fait faire à ſon Pere, moyennant *cinquante louis,* quelque temps avant ou après ſon mariage. La repréſentation que je lui ai demandé des Lettres de réhabilitation dont il s'agit, par le ſecond chef de ma demande principale, feroit connoître le vrai de ce que je viens de dire; mais il n'a pas encore jugé à propos de les communiquer.

A l'égard de la première partie de ſa dot portée en ſon Contrat de mariage du mois de Janvier 1736, pour *les habits, les meubles & les li̶n̶g̶e̶s̶* ᵛⁱᵉˢ *qui lui ont été fournis & payés, ainſi que les frais de nôces, avec les deniers empruntés à cette époque,* l'Adverſaire croit que ce qu'il a écrit lui-même à cet égard dans ſon Acte ſous ſeing-privé de 1751, doit prévaloir à ce qui réſulte de l'Acte tutélaire de 1737, où ces emprunts ſont détaillés. Ce que j'ai dit précédemment ſur ces objets doit ſuffir à cet égard pour détruire la fauſſe allégation inſérée en cet Acte ſous ſeing-privé qu'il rappelle encore à cette page 23ᵉ. Il y ajoute une autre allégation auſſi inconſéquente, en diſant » *que ſon Pere ne put* » *ſeulement payer l'habit qu'il s'acheta pour la nôce de ſon Fils,* » *car,* dit-il, *il prit cet habit à crédit, & ce fut lui Me. de Bour-* » *gongne qui le paya quelques années après.* « Il n'a pas réfléchi

N°.

Page 23.

N

fans doute que la délégation faite en 1737, rappelée en l'Acte tutélaire dont je viens de parler, au profit du Sr. de Braux, marchand, comprenoit tout ce qui lui étoit dû par le Sr. de Bourgongne pere, à raifon des emplettes qu'il avoit fait pour fon
Fils ; ce qu'il dit à cet égard ne doit donc être d'aucune confidération, étant contraire à ce qui eft relaté dans des Actes au-
thentiques.

M^e. de Bourgongne convient enfuite tacitement à la même page
23e. de la nullité de fa donation à caufe de nôces, *mais il ne
dit pas que cette nullité réfultoit du défaut d'infinuation, car il
n'en a pas écrit un mot dans fon Imprimé;* il infifte feulement
fur le calcul fingulier qu'il a formé à raifon des penfions de fon
Pere & de fa Sœur, d'après le faux fyftème qu'il a tâché d'établir par fes premières écritures, enfuite de l'eftimation arbitraire
du Gagnage d'Auzainvilliers, rappelée en fa prétendue acquifition
du mois de Février 1756, dont il propofe encore l'hipotefe à
la page 18e. de fon Mémoire ; il conclud de là à la page 24e.
qu'après avoir abforbé la prétendue valeur de la totalité de ce Gagnage dès l'année 1769, par le montant des penfions exorbitantes
qu'il s'eft fixé lui-même pour fon Pere & pour la Dlle. Thérefe de
Bourgongne fa Sœur. Il conclud, dis-je, que les ayant encore nour-
ris depuïs, ayant même payé feul les frais funéraires de fon Pere,
il eft évident, fuivant lui, *qu'il eft créancier de la fucceffion de
celui-ci.* J'ai cependant prouvé le contraire de cette injufte
prétention, d'après les piéces même de notre Adverfaire, & il
fuffit d'employer ce que j'ai dit à cet égard pour ne pas ufer de
redites.

Enfin, M^e. de Bourgongne ajoute que » *comme il eft jaloux*
» *de fe juftifier des reproches que je lui ai fait, il dit qu'il va*
» *prouver encore que :*

» *Loin d'avoir jamais voulu dépouiller fa famille, il en a tou-*
» *jours été le bienfaiteur.*

Pag. 18 & 24.

Pag. 24.

RÉFUTATION

De la 4ᵉ. & dernière Propoſition.

Telle eſt ſa quatrième propoſition que je vais tâcher de réfuter avec avantage. C'eſt ici le plus beau & le plus brillant du tableau que nôtre Adverſaire a tracé en ſa faveur, & cette 4ᵉ. propoſition eſt encore un paradoxe.

Il dit d'abord » *que par les faits qu'il a expoſés plus haut, on* » *a pu remarquer que lui Me. de Bourgongne, a tendu une* » *main ſecourable à ſon Pere ; qu'il l'a conſervé chez lui dans* » *un temps où il étoit ſans reſſources ; qu'il a* pris ſoin de ſa » *vieilleſſe & cherché à lui procurer juſqu'à ſa mort* une exiſtance » *heureuſe.*

On a remarqué au contraire qu'en Décembre 1737, il a privé ſon Pere du quart de ſon Bien, en lui faiſant vendre onze paires pour payer les dettes auxquelles il avoit donné lieu perſonnellement. J'ai démontré qu'après avoir fait révoquer en 1749, au 22 Juillet, la donation faite en faveur de ſes trois autres Frere & Sœurs, par Acte du 7 Avril 1736, des trois quarts des Biens paternels, il attira ce Vieillard à Nancy au mois d'Avril 1750, après avoir mis ſa Sœur au Couvent à Vaucouleur. Qu'à cet époque il fit vendre une partie du mobilier, dont ſon agente lui fit toucher le prix, & fit tranſporter le ſurplus à Nancy ; qu'à la Saint-Martin de la même année 1750, il perçut du Fermier d'Auzainvilliers, les vingt paires de canon du Gagnage ſitué au même lieu. Qu'au mois de Décembre de cette année il fit encore vendre à très-vil prix & ſous ſon cautionnement, ce qui reſtoit du Gagnage de vingt-deux paires ſitué à Sartes, dont il employa partie des deniers à payer la dette contractée au profit des Cordeliers de Neufchâteau, qui devoit être acquittée par privilége ſur d'autres Biens. Qu'enfin il perçut ce qui reftoit de cette vente, & le produit du canon de ce Gagnage de Sartes.

On a encore remarqué que pour fe décharger de tous ces objets, & notamment du rapport de ce qui lui avoit été conftitué en dot, acquitté fur le produit de la première vente de 1737, il fit en 1751 un Acte fous fcing-privé, en vertu duquel il a cru opérer fa libération à tous égards. Son Pere étant enfuite forti de Nancy quelques mois après cet Acte ; il retourna à Neufchâteau, afin de ne plus être expofé aux follicitations continuelles employées de toute part pour l'engager à fe défaire en faveur de fon Fils de ce qui lui reftoit de fes Biens ; celui-ci parvint cependant près de cinq années après, à fe faire faire à très - vil prix la vente de moitié du Gagnage d'Auzainvilliers, par les follicitations de fon Curé, ayant fait inférer dans cet Acte que l'autre moitié de ce Gagnage appartenoit à notre Adverfaire en vertu de fon Contrat de mariage. On voit encore qu'en vertu de cette prétendue vente il s'eft mis en poffion de la totalité de ce Bien fans aucun titre tranflatif de propriété pour la dernière partie de ce Gagnage ; *dont il a perçu tous les canons fous prétexte qu'il tenoit fon Pere en penfion chez lui.* Telleft en peu de mots l'exacte analife des opérations de notre Adverfaire.

J'ai démontré également dans mes écritures, & j'ai offert d'adminiftrer des preuves qui fuffiront pour faire connoître comment ce Vieillard infortuné a été traité depuis l'inftant de fon entrée chez fon Fils, jufqu'à fon décès, & d'après ces preuves jointes à ce que je viens de dire, il fera facile de connoître » comment » ce Fils a tendu à fon Pere *une main fecourable;* quel étoit le » foin qu'il prenoit *de fa vieilleffe,* & comment il a cherché à » lui procurer jufqu'à fa mort *une exiftance heureufe.*

L'Adverfaire n'a pas craint d'alléguer en fecond lieu, à la même page 24e. » *que depuis très-longtemps il étoit l'unique appui de* » *fa Sœur la Dlle. Thérefe de Bourgongne;* « le contraire fera encore prouvé *par les témoignages les plus respectables , tant pour le Pere que pour la Fille.* M^e. de Bourgongne a dejà rapporté une partie des faits posés à ce sujet par mes écritures , & il a cru devoir en faire l'énumération à la page 36e de son Mémoire , *sans les avoir contredits & sans avoir rien pu opposer à ce sujet pour sa propre satisfaction.* C'eût été bien en vain qu'il auroit tâché de le faire, puisque ces faits sont de notoriété publique, & que la plûpart des personnes qui parcoureront ce Mémoire sont personnellement instruites de ces faits depuis longues années ; *Me. de Bourgongne a gardé la-dessus un profond silence.*

Page 36.

Enfin, pour ce qui concerne la Dame Hennequin sa Sœur aineé il dit avec exclamation, » *combien ne s'est-elle pas louée de la con-* » *duite de Me. de Bourgongne à son égard !*

Il n'est encore question que de récapituler ici les faits qui concernent cette Veuve infortunée, d'après les opérations de notre Adversaire , pour être persuadé du contraire de ce qu'il avance à cet égard. On a remarqué qu'à la mort de mon Pere arrivée au mois de Février 1749, M^e. de Bourgongne s'inquiéta fort peu du sort de sa Sœur aînée & de celui de ses Enfans ; je fus placé à Lunéville dès le mois de Mai de cette année , par deux de mes Parens qui y résidoient ; j'ai fait connoître quelles furent les bontés que j'éprouvai de mon Oncle en passant à Nancy , *il les a répétées à la page 27 . de son Imprimé ;* il croit même que c'est le premier motif qui m'a engagé à agir contre lui.

Page 27.

J'ai dit que mon Frere cadet avoit été placé à Paris quelque temps après , par deux de nos Parentes qui y résidoient , sans qu'il ait eu besoin des secours de M^e. de Bourgongne.

On a encore remarqué que le 27 Juillet de la même année 1749 , environ cinq mois après la mort de mon Pere , M^e. de Bourgongne fit rédiger une révocation de la donation entre-vifs, faite en faveur de ses trois autres Frere & Sœurs, pour leur ôter les trois quarts des Biens paternels qui leur avoient été assurés depuis le 7 Avril 1736 , *afin de les rendre égaux avec leur Frere aîné des Fils , marié trois mois aparavant.* Il avoue lui-même vers la fin de ſes premières écritures ſignifiées le 15 Novembre 1785 , *que ſans cette révocation il n'auroit pu ſe faire vendre la partie du Gagnage d'Auzainvilliers* qu'il croit avoir acquiſe. Cette révocation eſt donc le premier pas qu'il fit faire à ſon Père pour arranger plus facilement ſes opérations poſtérieures ; car il eſt parvenu à abſorber tous les Biens qui appartenoient à l'Auteur commun , ayant diſpoſé de ce qui reſtoit du Gagnage de Sartes, & enſuite il a fait faire , à ſon profit, la Vente de moitié de celui d'Auzainvilliers.

On a auſſi remarqué qu'après la mort de mon Pere, *ſa Veuve fut aban-donnée par ſon propre Frère , qui vit d'un œil tranquille conſommer en frais de diſcuſſion les Biens qui avoient été laiſſés par ce cher Défunt :* & bien loin d'avoir employé *ſes lumières & ſes connoiſſances* pour faire valoir le privilége acquis aux Cordeliers ſur la Maiſon dont il a été parlé précédemment , il a préféré de faire abſorber le reſtant du Gagnage de Sartes, pour en employer partie du prix à acquitter cet objet ; afin de profitter du ſurplus & ſe ménager *par-là* un moyen pour écarter ſes Neveux de toute prétention à raiſon de la ſucceſſion de leur Ayeul.

On a également remarqué que depuis mon Mariage, contracté en 1752, j'ai été chargé alternativement de mes autres Frères, la piéce 3e. de la production nouvelle de notre Adverſaire, datée du 4 Septembre 1754, en eſt encore une preuve ſuffiſante. On voit donc que c'eſt à tort qu'il a imprimé à la page 25e. » *Que c'eſt* » *ſur-tout pour les Enfans de la Dame Hennequin que Me. de Bour-* » *gongne a été* bon & généreux. « Il ajoute : » *Qu'il a préſidé à* » leur éducation, & leur a ſervi de Pere. « Eſt-ce être *bon & géné-reux,* que de s'emparer du plus beau de tous les Biens d'une famille, à vil prix & ſans bourſe délier ? Eſt-ce être un *Pere équitable* de retenir la totalité de ce Bien, après avoir abſorbé précédemment un autre Gagnage de vingt-deux paires, en ſorte qu'il n'en eſt rien reſté aux autres cohéritiers ? Voilà *des bontés & de la générosité* bien singulières. *Notre Adversaire n'est cependant remarquable que de ce côté-là.* Car pour avoir nourri son Pere & sa Sœur pendant quelques années, il a cru pouvoir se rendre justice à lui-même, en s'appropriant depuis dix années, un Bien de la valeur intrinséque de plus trente mille livres, comme je l'ai déja observé. On doit donc, suivant lui, être pénétré de beaucoup de reconnoissance à son égard, parcequ'il n'a pu rien faire de mieux.

J'ai observé au surplus que la lettre dont il fait trophée à cette pag. 25°. datée du 11 Janvier 1765, a été écrite par *le même* qui, de son aveu, à la pag. 3°. le menace de la protection du Roi de Prusse & de son Ambassadeur en France, au cas qu'il refuseroit plus longtemps de rendre justice à ses Neveux sur leurs légitimes réclamations. A cette époque de 1765 ce jeune Enfant ignoroit ce que notre Adversaire avoit fait au mois de Février 1756 pour s'approprier en entier le Gagnage dont il vient d'être parlé ; d'après celà on peut juger si, comme il le dit à la pag. 16°. » *sa défense ne peut présenter que des résultats* » *qui lui sont infiniment favorables.*

Page 25.

Le surplus de ce qui est allégué à la pag. 26°. ne mérite aucune réplique. Enfin je crois qu'il est inutile de répondre à ce qui a été dit par l'Adversaire, aux pages suivantes, pour réfuter les moyens que j'ai employé, tant contre la Vente qu'il fit faire en 1750, que contre son Acte sous seing-privé du 1er. Février 1751, ainsi que contre sa prétendue acquisition de moitié du Gagnage d'Auzainvilliers, du même mois de Février de l'année 1756 ; il suffit d'employer pour contredits à cet égard ce que j'ai dit précédemment sur ces trois objets, afin de ne pas être trop répété à cet égard.

Page 26.

M°. de Bourgongne finit ensuite son Imprimé par se présenter comme un Adversaire fort indulgent, qui n'a pas usé de représailles sur les expressions que j'ai été obligé d'employer contre lui dans mes écritures, dont il a détaché quelques phrases, comme je l'ai remarqué dans l'exorde de ce Mémoire ; mais quoiqu'il croye avoir à se plaindre de ce qu’il a fallu mettre au jour *bien des faits qui ne font pas honneur à son désintéreſſement*, cependant, par égard pour ce Parent, j’ai omis de rapporter bien d’autres faits & quantité de circonſtances plus défavorables à Mᵉ. de Bourgongne. J’ai même mis de côté bien des lettres qu’il s’eſt permis d’écrire contre moi avant & depuis le procès commencé. Si les menées ſourdes qu’il a employées lui-même, ainſi que ce qu’il a fait opérer par ceux qui l’obſédent journellement ; ſi tout celà, dis-je, étoit mis au jour, que n’y verroit-on pas ? Mais il me ſuffit de taire ce qu’il a inutilement voulu faire contre un Neveu, qui l’a toujours reſpecté, mais qui ne l’a jamais craint.

Il eſt facile de nous juger d’après ce que j’ai dit, enſuite de la lecture & par la combinaiſon de ſon Imprimé, on y remarque que notre Adverſaire n’y a rien dit de relevant.

Monſieur PIERRE DE SIVRY, actuellement Rapporteur.

M. HENNEQUIN l’aîné, Avocat.

Mᵉ. COURTOIS, Procureur.

Vû. Permis d’imprimer. Nancy le 8 Janvier 1787.

Signé, MARCOL.

N^{ta}. Ce Tableau a ét
annoncé à la pag. 31 du pré-
fent Mémoire. *ct a felle b*^e , *Ecuyer, décédé à Nancy en Novembre 1776.*

		Livres	Sols.	Den.
Page 10 de l'Im- primé ci-joint.	tié du Gagnage de vingt - deux, de Bourgongne fils par la première Mémoire en réponfe de celui de	3832	10	
Page 20.	), perçu par M^e. de Bourgongne fils	329	17	9
Page 22.	és à Nancy lorfqu'il vint réfider l'Auteur commun, rappelés en la	5670	1	6
Page 30.	vente faite en Décembre 1750, de	911	17	1
Page 31.	te, outre ce qu'il a touché ci-	2877		
Page 67.	re Époufe de M^e. de Bourgongne	225		
Même pag. 31 & 9.	obtenir en 1736 des Lettres de	1550		
Page 65.	étendue vente de 1756, déduction	1742	6	
Même Page.	M^e. de Bourgongne fils, depuis le rme un objet de plus de . . .	4000		

	Livres	Sols.	Den.
T O T A L	21138	13	4
re, fait	30000		
qui eft à partager	51138	13	4

fa prétendue acquifition de 1756.
même acquifition, rappelées en la

N.4. Ce Tableau a été annoncé à la pag. 31 du préfent Mémoire. *et a celle 67.*

TABLEAU GÉNÉRAL

Des objets qui font à partager entre les quatre Enfans de feu M. François-Dominique de Bourgongne père, Ecuyer, décédé à Nancy en Novembre 1776.

ARTICLE PREMIER.

Page 10 de l'Imprimé ci-joint. LE montant de ce qui a été payé fur le produit de la première vente des onze paires, faifant moitié du Gagnage de vingt-deux, fitué à Sartes. Cette vente a été faite le 23 Décembre 1737, pour acquitter ce qui avoit été promis à Me. de Bourgongne fils par la première partie de l'article 3e. de fon Contrat de mariage du 30 Janvier 1736, rappelé à la page 10e. du préfent Mémoire en réponfe de celui de Me. de Bourgongne, y compris les intérêts échus depuis le décès du Pere & Auteur commun 3832 10

ART. II.

Page 20. Le montant de la vente des vieux meubles de M. de Bourgongne pere, portés en l'exploit du mois de Mai 1750, perçu par Me. de Bourgongne fils des mains de la Dlle. de Braux de Neufchâteau, fon agente, rappelé en la page 20e. y compris les intérêts 329 17 9

ART. III.

Page 22. Le prix & valeur des autres effets qui appartenoient à M. de Bourgongne pere, qui ont été tranfportés à Nancy lorfqu'il vint réfider chez fon Fils en 1750 & 1757, fixé par l'Acte du 25 Septembre 1784, & intérêts depuis le décès de l'Auteur commun, rappelés en la page 22e. 5670 1 6

ART. IV.

Page 30. Il y a encore le montant de ce que Me. de Bourgongne fils a touché de ce qui reftoit du prix de la feconde vente faite en Décembre 1750, de la dernière partie du Gagnage de Sartes, rappelée en la page 30e. y compris auffi les intérêts 911 17 1

ART. V.

Page 31. Le montant de ce que Me. de Bourgongne a fait payer indûment du produit de cette feconde vente, outre ce qu'il a touché ci-deffus, & intérêts 1877

ART. VI.

Page 67. Le produit de la vente des gros meubles de M. de Bourgongne pere, faite par l'ordre de la première Époufe de Me. de Bourgongne fils, en 1757, & intérêts 225

ART. VII.

Même pag. 31 & 97. Le montant de ce qu'il en a couté à l'Auteur commun, à la follicitation de fon Fils, pour lui obtenir en 1736 des Lettres de Réhabilitation 1550

ART. VIII.

Page 65. Il y a encore l'excédant des revenus dont jouiffoit M. de Bourgongne pere, en fe fixant même fur la prétendue vente de 1756, déduction faite des penfions de cet Auteur commun, fans compter les intérêts depuis fon décès 1742 6

ART. IX.

Même Page. Il y a auffi le montant des vingt paires du canon du Gagnage fitué à Auzainvilliers, perçues par Me. de Bourgongne fils, depuis le décès de fon Pere, non compris les autres redevances en chapons & chanvre; la valeur defquelles paires fonne un objet de plus de 4000

TOTAL 21138 13 4

Enfin la valeur du Gagnage fitué à Auzainvilliers, dont on a offert trente paires, à raifon de mille livres la paire, fait 30000

Total général de ce qui eft à partager 51138 13 4

Sur quoi il faudra faire état à Me. de Bourgongne fils de dix louis qu'il dit avoir payés à compte de fa prétendue acquifition de 1756. Outre ce qu'il juftifiera avoir payé pour fon Pere fur les 855 liv. prétendues délivrées à compte de cette même acquifition, rappelées en la quittance du mois de Juillet 1757.

SUIVENT

Les piéces dont il est fait mention dans l'Imprimé, annoncées à la pag. 82.

TRAITÉ DE NOURRITURE.

Extrait des Régîstres de la Jurisdiction Tutélaire du Bailliage Royal de Neufchâteau.

CEjourd'hui quatre Juillet mil sept cent vingt-deux, sur les cinq heures de relevée.

Pardevant Nous Nicolas Senault, Ecuyer, Seigneur de la Vaulx & de Chardon, Procureur de S. A. R. Juge tutélaire au Siége du Bailliage de Neufchâteau, étant en la Maison mortuaire de défunte Dlle. Anne-Marie Renaud, vivante Epouse du Sieur Dominique de Bourgongne, *Marchand, Bourgeois de cette Ville*, y sont comparus ledit Sieur de Bourgongne, Père & Tuteur de ses Enfans mineurs & de ladite défunte Renaud son Épouse, & Joseph Dubeau leur Oncle & Curateur : Lesquels Nous ont dit qu'étant nécessaire *de faire un Traité de nourriture* auxdits mineurs, qui sont au *nombre de quatre* ; savoir, *Marguerite*, âgée de treize ans; *François-Charles*, âgé de huit ans; *Antoine*, âgé de quatre ans, & *Jeanne-Thérèse*, âgée de deux ans; ils avoient convoqué à comparoir heure présente, *noble Simon Collenel, & François Collenel, Avocat à la Cour*, Cousins-germains paternels ; Claude & François les Mouzon, Marchands, Cousins maternels, tous demeurans audit Neufchâteau ; desquels Nous avons pris & reçu le serment au cas requis. Et après avoir conféré en notre présence, sur le sujet dont il s'agit, après avoir eu communication *de l'Inventaire* & *du Contrat de Mariage*, il auroit été convenu, du consentement dudit Sr. de Bourgongne, que les dettes se devant acquitter sur la communauté, icelui Sr. de Bourgongne se charge

4 Juillet 1722,

Piéce 4 du Dossier coté *A*, rappelée en tête de la pag. 5 du Mémoire ci-joint.

de nourrir & entretenir fefdits Enfans jufqu'à l'âge de majorité ; au moyen de quoi il jouira de tout ce qui peut appartenir auxdits mineurs, les dettes acquittées ; fans qu'il foit obligé d'en rendre aucun compte. A quoi nous l'avons condamné, de fon confentement. Et a fgné avec les autres Parens ci-devant nommés, nous & le Greffier-commis ordinaire. *Signé*, D. de Bourgongne, Jofeph Dubeau, *F. Collenel & Collenel*, C. Mouzon, F. Mouzon, N. Senault & Défvouton. Contrôlé à Neufchâteau ce 6 Juillet 1722. R. fept fous. *Signé*, Henry.

Expédié à la réquifition de *Me. Jean - François Hennequin, Avocat en Parlement*, demeurant à Gerbéviller, le 11 Octobre 1766, par le fouffigné Greffier-Commis. *Signé*, Huffon.

DONATION FAITE ENTRE-VIFS.

7 Avril 1736.

Cet Act. eft rappelé aux pag. 7 & 8 du Memoire.

Sachent tous que pardevant le Tabellion général au Duché de Lorraine, réfidant à Neufchâteau, fouffigné, fut préfent en perfonne le Sieur François-Dominique de Bourgongne, Écuyer, demeurant audit Neufchâteau ; difant que par le *Contrat de Mariage* du Sieur Charles-François de Bourgongne fon fils, Écuyer, Avocat fuivant la Cour, *en date du trente Janvier dernier*, il lui auroit promis *le quart* de fon Bien, tant en meubles qu'immeubles, à charge néanmoins qu'il en jouiroit fa vie durante ; & comme il n'eft point dit dans le Contrat de Mariage que ledit Sieur fon Fils feroit attenu du quart des dettes & charges qu'il pouvoit avoir & devoir jufqualors fur fes Biens, ce qui pourroit faire naître à la fuite, une difficulté entre ledit Sieur fon Fils & fes autres Enfans ; *& voulant entretenir parmi eux l'union par l'égalité,* il déclare par ces préfentes qu'il n'a pas entendu autrement faire ladite donation audit Sieur fon Fils, qu'à charge par lui de payer le quart defdites dettes & charges, en venant à fa fucceffion, comme fes autres Frère & Sœurs ; & que fi cette claufe a été omife *c'eft à caufe de fa furdité naturelle, qui le rend auffi peu intelligent dans* *les affaires ;* ainſi il veut & entend que lors que ledit Sieur ſon Fils viendra à ſa ſucceſſion pour avoir le quart de ſon Bien, ledit Sieur ſon Fils ſoit attenu au payement du quart deſdites dettes & charges, au cas qu'elles ſe trouveroient encore dûes au décès dudit Donateur ſon Père. Et pour éviter tous ſujets de difficultés entre ledit Sieur ſon Fils & ſes autres Enfans, *& les rendre égaux* dans le partage des Biens qu'il a actuellement, après une mûre délibération, *& pour la décharge de ſa conſcience*, il a volontairement & ſans ſugeſtion, donné & donne par ces préſentes, *par donation entre-vifs & irrévocable, & en forme de partage*, à chacun de ſes trois autres Enfans, ſavoir, à *Dlle. Marie-Marguerite de Bourgongne*, *Épouſe du Sr. Joſeph-François Hennequin*, demeurante à Neufchâteau, préſente & acceptante, & pour cet effet autoriſée dudit ſon Mari, auſſi à ce préſent, & *à Antoine & Théréſe les de Bourgongne*, ſes Enfans mineurs, acceptant par le Sr. Joſeph Duverger, dit Dubeau, Bourgeois de cette Ville, leur Curateur, à ce préſent, *le quart d'un Gagnage ſitué à Sartes, du rapport de vingt-deux paires, & le quart d'un autre Gagnage ſitué à Auzainvilliers, du rapport de vingt paires*, ainſi que l'un & l'autre ſe contiennent, ſans en rien réſerver, *& le quart dans les Biens-meubles qu'il pourra avoir lors de ſon décès* le tout en pleine propriété. Pour, par leſdits ſes Enfans Donataires, jouir, faire & diſpoſer, des trois quarts deſdits Biens, en pleine propriété, comme de choſes à eux appartenantes, au moyen des préſentes ; *l'autre quart étant réſervé audit Sieur ſon Fils marié.* La préſente Donation ainſi faite à charge par leſdits ſes trois Enfans Donataires de payer & acquitter les trois quarts des dettes & charges qu'il peut avoir & devoir actuellement, ainſi & de même que ledit Sieur ſon Fils marié eſt attenu pour l'autre quart deſdites dettes & charges : Et en outre ladite Donation ainſi faite à charge que lui Donateur jouira de même ſa vie durante de l'uſufruit deſdits trois quarts des Biens donnés par les préſentes ; convenu néanmoins que la rétention d'uſufruit, que ledit Sieur Donateur fait par ces préſentes des trois quarts deſdits Biens, ne pourra nuire ni préjudicier à la jouissance & perception de quatre paires qu'il a données en mariage à ladite Dlle. Marie-Marguerite de Bourgongne sa Fille, à prendre sur ledit Gagnage de Sartes, pendant la vie naturelle durante dudit Donateur : Et pour l'exécution de la présente Donation ledit Sieur Donateur s'est désaisi & dévétu de la propriété & possession desdits Biens donnés à la charge & rétention dudit usufruit ; consentant que lesdits Donataires en soient saisis, mis & reçus en possession par qui & ainsi qu'il appartiendra, & même a consenti à l'insinuation des présentes par-tout où besoin sera ; ayant à cet effet lesdites Parties fait & constitué leur Procureur général & spécial le porteur des présentes, auquel elles donnent tout pouvoir. Promettant, &c. obligeant, &c. soumettant, &c. renonçant, &c. En témoignage de quoi seront les présentes scellées du sceau du Tabellionage de Neufchâteau & Châtenois, sauf tous droits, que furent faites & passées audit Neufchâteau, en la Maison dudit S^r. Joseph-François Hennequin, pour l'indisposition de la Demoiselle son Épouse, *le septième Avril mil sept cent trente-six*, après midi. Présens Dominique Parmentier, Boulanger, & Félix Dralet, Menuisier, tous deux Bourgeois de Neufchâteau, témoins réquis, bien connus, qui ont signé à la minute des présentes avec toutes les Parties & le Tabellion instrumentaire, après lecture faite.

Contrôlé à Neufchâteau ce 7 Avril 1736, n°. 9, fol. 44. Reçu douze livres. *Signé*, Bastien. Expédié le même jour. *Signé*, Foissey. Scellé , &c. Enrégistré, &c.

Les certificats pour les insinuations à Neufchâteau, Bulgnéville & Pontpierre , sont ensuite & au bas de cette grosse.

PREMIÈRE VENTE DE MOITIÉ DU GAGNAGE

SITUÉ A SARTES, POUR PAYER LES DETTES CONTRACTÉES A RAISON DE L'ARTICLE 3e. DU CONTRAT DE MARIAGE DE M^e. DE BOURGONGNE DU 30 JANVIER 1736 , ET POUR SON ÉDUCATION.

23 Décemb. 1737.

Cet Acte est rappelé aux pag. 9 & 10 du Mémoire.

Pardevant le Tabellion général au Duché de Lorraine , résidant à

Neufchâteau, fouffigné, furent préfens en perfonne le *Sr. François-Dominique de Bourgongne, Ecuyer, tant de fon chef*, que comme fe portant fort du Sr. *Charl Franç. de Bourgonne fon fils*, auffi Ecuyer, Avocat à la Cour, réfidant à Nancy, s'obligeant de lui faire ratifier les préfentes, *comme auffi en qualité de Pere & Tuteur d'Antoine & Thérefe les de Bourgongne, enfans mineurs* procréés du mariage d'entre lui & feu Dlle. Anne-Marie Renaud, fa premiere Femme, du Sieur Jofeph Duverger, dit *Dubeau, Marchand, Perruquier,* Oncle maternel auxdits Mineurs, à caufe de Dlle. Anne Catherine Renauld, défunte, fa feconde Femme, Sœur de ladite feu Dlle. Marie-Anne Renauld, en qualité de Curateur établi auxdits Mineurs; ledit Sieur François-Dominique de Bourgongne, & ledit Sieur Jofeph Duverger, dit Dubeau, *étant autorifés de faire la Vente dont fera ci-après parlé, par le Procès-verbal fait en Affemblée de parens paternels & maternels defdits Mineurs, le dix-fept du courant,* pardevant M. François-Hyacinthe Senault, auffi Ecuyer, Procureur du Roi, & Juge Tutélaire au Siége Bailliager dudit Neufchâteau, y réfidant, lequel dit Procès-verbal en original refte dans le Greffe dudit Siége Bailliager; le Sieur Jofeph-François Hennequin, Greffier Ordinaire audit Siége, & Dlle. Marie-Margueritte de Bourgongne fon Epoufe, à caufe d'elle, de lui dûment autorifés à l'effet des préfentes, laquelle autorifation elle a dit avoir reçue pour agréable, demeurant tous audit Neufchâteau. Lefquels ont reconnus volontairement avoir vendu conjointement par ces préfentes pour toujours, en tous droits de propriété & fonds, *au Sieur Claude Maire père*, Marchand Tanneur, Bourgeois dudit Neufchâteau, préfent & acquettant pour lui & Marie-Thérefe Belard fa Femme, *la moitié* d'un Gagnage du rapport en fa totalité de *vingt-deux paires de* refaux de grains, moitié bled & moitié avoine, mefure de Nancy, avec huit chapons & huit livres de chanvre femelle, de canon actuel & annuel; confiftant en Terres labourables & Prés, comme le tout ſe contient, ſitué ſur les Bans de Sartes & circonvoiſins, chargé de ſes Charges, Cens & Rentes anciennes & accoutumées, & en outre des droits de Lods & Ventes; tenu ledit Gagnage à titre de Bail par Joſeph Renard, Nicolas & Joſeph les Mougin, & Dominique Renard, tous Laboureurs, demeurans audit lieu de Sartes; ledit Bail fait aux ſuſdits par ledit Sieur François-Dominique de Bourgongne, paſſé pardevant ledit Tabellion ſouſſigné, le 30 du mois de Mars 1736, & duquel dit Bail ledit Acquéreur a eu communication; ce qu'il a dit bien entendre. *Ledit Gagnage indivis pour l'autre moitié avec les quatre Enfans dudit Sr. François-Dominique de Bourgongne ;* & ledit quel Gagnage ne pourra être partagé par moitié entre leſdits quatre Enfans & ledit Acquéreur, qu'à la fin du Bail, & dont les frais du partage dudit Gagnage ſeront entierement à la charge dudit Acquéreur, comme étant convenu expreſſément par ces préſentes; & lequel dit Acquéreur ſera tenu de laiſſer jouir leſdits Preneurs dudit Gagnage en ſon entier juſqu'à fin du même Bail, ſans pouvoir les en expulſer.

Ce que ci-deſſus ainſi vendu par ces préſentes, provenant tant de l'abandonnement fait par ledit Sieur François-Dominique de Bourgongne, *du quart de ſes Biens audit Sieur Charles-François de Bourgongne, par ſon Contrat de Mariage avec Dlle. Barbe-Françoiſe Bexon ſon épouſe, paſſé le 30 Janvier 1736,* que de la démiſſion *des trois autres quarts* de ſes Biens en faveur de ſes *trois autres Enfans,* reçue de Me. Foiſſey, en qualité de Tabellion, à la réſidence dudit Neufchâteau, en date du 7 Avril de ladite année 1736. La préſente vente faite moyennant la ſomme *de huit mille huit cent frans Barrois* de prix principal, qui eſt à raiſon de huit cent frans Barrois la paire pour le prix principal de chacune *des onze paires,* les vins ſtipulés à cinq pour cent, & cent livres pour un chapeau, dans leſquels dits vins leſdits Vendeurs ont reçu leur part en argent dudit Acquéreur, *lequel même Acquéreur a payé & délivré manuellement & comptant ladite*

N°.

Jomme de huit mille huit cent frans Barrois de principal, avec lefdits cent livres, audit Sieur François-Dominique de Bourgongne, vendeur, qui s'eft obligé d'employer ladite fomme avec lefdits cent livres, *fuivant qu'il eft porté & voulu par ledit Procès-verbal du dix-fept du courant;* ledit Acquéreur ayant en outre délivré audit Sieur de Bourgongne, vendeur, par confidération qu'il a pour lui, la fomme de cent livres par fupplément de prix; de tout quoi ci-deffus ledit Acquéreur demeure valablement quitte & déchargé envers lefdits Sieurs Vendeurs qui lui ont promis la garantie de la préfente vente jufqu'à droit, & ce chacun en droit foi, fous l'obligation refpective de tous leurs Biens préfens & futurs qu'ils ont foumis à toute Juftice, & ont renoncé à toutes chofes contraires aux préfentes. Dans ladite préfente vente eft compris l'ufufruit de ladite moitié du Gagnage que ledit Sieur de Bourgongne, vendeur, *à qui il appartenoit avant les préfentes,* s'étoit réfervé par *ledit abandonnement & ladite démiffion,* cédé audit Acquéreur par ces préfentes, fans néanmoins déroger en manière quelconque au furplus dudit ufufruit compris dans ces préfentes; le tout ainfi convenu & arrêté volontairement entre toutes les Parties. Ce qui fut fait & paffé audit Neufchâteau, dans le logis dudit Sieur Hennequin, après midi, en préfence de Jean Henry, Organifte, & de Jean-François Defer, Menuifier, demeurans tous deux audit Neufchâteau, témoins requis, lefquels fe font fouffignés avec toutes lefdites Parties & ledit Tabellion. *Ladite préfente vente ainfi faite audit Sieur Claude Maire pere, comme étant le plus haut metteur de tous ceux qui fe font préfentés pour faire leurs mifes* de ce que ci-deffus vendu en conféquence des affiches & publications qui en ont été faites, lecture faite. *Signé à la minute,* De Bourgongne, J. Dubcau, Hennequin, Margueritte de Bourgongne, C. Maire, J. Henry, J. F. Defer, & C. Colardon Tabellion général. Contrôlé à Neufchâteau ce 24 Décembre 1737. Reçu vingt-quatre livres. *Signé,*

P

Baſtien. Pour copie délivrée par le Garde-notes général au Bailliage Royal de Neufchâteau, souſſigné, *ce requérant Me. Hennequin, Avocat en Parlement, Fils des Sr. & Dlle. Hennequin, vendeurs.* Cejourd'hui 22 Octobre 1784. *Signé,* Guinet. Contrôlé à Neufchâteau ce 29 Octobre 1784. Reçu onze ſous. *Signé,* Courtillier.

RÉVOCATION DE LA DONATION DE 1736,
SOLLICITÉE PAR Mᵉ. DE BOURGONGNE, POUR PARVENIR A LA VENTE DU RESTANT DES BIENS DE SON PERE.

22 Juillet 1749.

Cet Acte eſt rappelé à la pag. 16 du Mémoire ci-joint.

Pièce 5 de la liaſſe de 10, produite par Mr. de Bourgongne

Sachent tous que pardevant Mᵉ. Claude Oget, Tabellion général, réſidant à Neufchâteau, & en préſence des témoins ci-après nommés, fut préſent en perſonne le Sieur François-Dominique de Bourgongne, Ecuyer, demeurant à Neufchâteau ; Lequel, aprés avoir eu lecture & communication de l'Acte de Donation entre-vifs par lui faite pardevant Mᵉ. Foiſſey, Tabellion en cette Ville, le 7 Avril 1736, *des trois quarts tant de ſes Immeubles anciens que Meubles,* au profit de Dlle. Marie-Marguerite de Bourgongne, Antoine & Théréſe les de Bourgonne, ſes trois Enfans, a déclaré qu'il a révoqué & révoque par ces préſentes ledit Acte de Donation entre-vifs, en tout ce qu'il contient, en conſéquence qu'il ſoit regardé à l'avenir comme nul & non-avenu, *attendu qu'il eſt contraire à la diſpoſition de la Coutume, Titre des Donations, Article II ;* & qu'il entend & prétend rentrer en la jouiſſance & propriété des trois quarts (*a*) tant du Gagnage ſitué à Sartes, que de celui ſitué à Auzainvilliers ; *comme auſſi dans la propriété des Meubles* qui ſont l'objet de ladite Donation entre-vifs dudit jour 7 Avril 1736, *pour par lui jouir du tout ainſi qu'il avoit*

(*a*) *Nª.* Le Sr. de Bourgongne père s'étoit fait autoriſer le 17 Décembre 1737, à vendre moitié du Gagnage de Sartes, pour payer les dettes qu'il avoit contractées à raiſon de la première partie de la dot de ſon Fils. Le Contrat de cette Vente eſt imprimé ci-devant, pag. 108 & ſuivantes.

droit de le faire avant la même Donation; de quoi il a requis acte, qui lui a été octroyé par le Tabellion des présentes. En foi de quoi elles sont scellées du sceau du Tabellionnage de Neufchâteau, sauf tous droits, que furent faites & passées en l'Étude du même Tabellion, *le vingt-deux Juillet mil sept cent quarante-neuf, après midi*, en présence du Sieur Jean-Claude de Rorcourt, Maître Orfévre, & de Jean-François Defer, Maître Menuisier, résidans en ladite Ville, témoins requis, connus, qui ont signé à la minute, avec ledit Sieur Comparant & ledit Tabellion, après lecture faite. *Signé*, De Bourgongne, de Rorcourt, J. F. Defer & Oget. Contrôlé à Neufchâteau le 28 Juillet 1749. Pour grosse. *Signé*, Oget.

Scellé à Neufchâteau le 4 Mai 1750. Reçu deux gros. *Signé*, J. N. Tresse.

COPIE DE LA PRÉTENDUE VENTE

FAITE A Mᵉ. DE BOURGONGNE PAR SON PERE DE LA MOITIÉ DU GAGNAGE SITUÉ A AUZAINVILLIERS.

Pardevant Mᵉ. Claude Oget, Notaire Royal au Bailliage de Neufchâteau, résidant en ladite Ville, soussigné, &c.

Est comparu en personne le *Sr. François-Dominique de Bourgongne, Ecuyer, résidant à Neufchâteau;* lequel a déclaré avoir vendu en toute propriété & fonds, *à Me. Charles-François de Bourgongne, Écuyer, Avocat à la Cour,* & Conseiller Intendant de S. A. S Monsieur le Prince de Nassau-Sarbruck, résidant à Nancy, présent & acceptant, pour lui, &c. *un Gagnage situé sur le Ban & finage d'Auzainvilliers & joindans,* comme il se contient & comporte, tenu à Bail par le nommé Prélat, Laboureur audit lieu, *du rapport actuel de vingt paires de resaux, six livres de Chanvre & trois Chapons,* avec obligation au Fermier d'en acquitter les Vingtièmes; suivant que les Héritages sont rapportés *aux titres de propriété, que ledit Sieur Acquéreur a dit avoir*

26 Février 1756.

Cet Acte est rappelé aux pag. 45, 50, 51 & suivantes, jusqu'à celle 60 inclusivement.

Piéce 8 de la production de Me. de Bourgongne, en sa liasse de 20 piéces.

Nᵒ.

entre les mains; dans la totalité duquel Gagnage le *Sr. Acquéreur en a
déja moitié*, en vertu de son Contrat de Mariage, *en sorte que l'autre
moitié à lui vendue par ces présentes*, est pour & moyennant *LA
SOMME DE QUATRE MILLE CINQ CENT LIVRES*
tournois, en principal, sur laquelle a été délivré audit Sieur Vendeur par ledit Sieur Acquéreur *TROIS CENT DIX LIVRES*,
lors de la passation des présentes, à la vue du Notaire & des témoins;
*s'obligeant ledit Sieur Acquéreur d'acquitter les dettes dudit Sieur Ven-
deur qui lui seront indiquées*; après quoi le restant de ladite somme
principale *demeurera entre les mains du même Sieur Acquéreur à titre
de constitution*, dont il payera la rente à cinq pour cent; de même
que de celle de *quatre mille cinq cent livres*, faisant le prix de la
moitié dudit Gagnage à lui *donnée par son Contrat de mariage*, & ce
pendant la vie durante dudit Sieur Vendeur : à l'effet de quoi il a
obligé tous ses Biens meubles & immeubles, présens & futurs, spécialement & par privilége ce qui lui est ainsi vendu, qu'il a soumis, &c.
renoncé, &c. *& pour la garantie ledit Sieur Vendeur a obligé tous les
siens, qu'il a pareillement soumis, &c. renoncé, &c.* Fait & passé à Neufchâteau, présens Antoine Ravenel, Coutelier, & Joseph-Remi Adam,
Maître Serrurier, résidans en ladite Ville, témoins connus & requis,
qui ont signé à la minute des présentes, avec les Parties & ledit Notaire, lecture faite. Contrôlé à Neufchâteau le 28 Février 1756.
Reçu vingt-quatre livres. *Signé*, Daiche.

Pour copie délivrée par le soussigné Notaire Royal, dépositaire des minutes de feu M^e. Oget. *Ce requérant Me. Jean-François Hennequin, Avocat au Parlement*, se disant Petit-fils dudit
Sieur Dominique de Bourgongne, à cause de Dlle. Margueritte
de Bourgongne sa Mere, sans préjudice à la grosse s'il échet.
Ce 28 Décembre 1784. *Signé*, Thomas. Contrôlé à Beaufremont
le 31 Décembre 1784. Reçu treize sous. *Signé*, Thouvenel.

COPIE DE LA PRÉTENDUE RENONCIATION

Qu'on a fait rédiger au nom de la Demoiselle Thérése de Bourgongne,

au sujet de la Donation entre-vifs du 7 Avril 1736.

Du vingt-cinq Septembre mil sept cent quatre-vingt-quatre, *en l'Hôtel de Mr. de Bourgongne* à Nancy, après midi.

25 Septemb. 1784.

Pardevant *les Conseillers du Roi, Notaires à Nancy, soussignés,* & en présence des témoins ci-après nommés *fut présente Dlle. Anne-Thérese de Bourgongne, Fille majeure d'ans,* demeurante audit *Hôtel,* Faubourg & Paroisse St. Pierre de Nancy, *laquelle a vo ontairement déclaré renoncer formellement,* ainsi qu'elle a fait tacitement jusqu'à présent, *au bénéfice de la donation entrevifs,* que M. François-Dominique de Bourgongne, vivant Ecuyer, &c. son Pere fit à trois de ses Enfans, desquels elle étoit, *des trois quarts de ses Biens-meubles & Immeubles, étant alors en sa propriété,* & ainsi qu'ils sont énoncés en l'Acte reçu de Mᵉ. Foissey, alors Tabellion Garde-nottes à Neufchâteau, *le sept Avril mil sept cent trente-six,* comme ayant toujours été regardée par les Donateurs & Donataires nulle, *& n'ayant jamais eû d'exécution;* (b) que d'ailleurs elle a été révoquée par autre Acte reçu de Mᵉ. Oget, Tabellion à Neufchâteau, *le 22 Juillet 1749,* révocation contre laquelle aucun des Donataires n'a jamais reclamé; qu'en outre feu Mᵉ. Hennequin & sa Femme l'un desdits Donataires ont engagé mondit Sieur de Bourgongne, Donateur, dans des cautionnemens en leur faveur *qui l'ont mis dans la nécessité de vendre ses meubles & ce qui lui restoit du Gagnage de Sartes compris dans ladite donation; & de se retirer chez M.*

Cet Acte est rappelé aux pag. 21, 65, & notamment à celles 82 & 83 du Mémoire joint.

(b) Nᵗª. Il ne s'agit que de recourir à la Vente faite en 1737, troisième pièce imprimée ci-devant, pag 108 & 110, marquée Nᵗª. en marge.

son Fils à Nancy. (c) Que lui reſtant encore des dettes il n'a pu les acquitter qu'en vendant la moitié de ſon Gagnage d'Auzainvilliers audit Sieur ſon Fils, (d) *qui en avoit déjà l'autre moitié par ſon Contrat de mariage.* Que les infirmités & les maladies continuelles qu'icelle Comparante a eſſuyées, ont encore augmenté le nombre des dettes, ce qui a obligé ledit feu ſon Pere à vendre le reſte de ſes Immeubles pour y faire honneur. Qu'il eſt de ſa connoiſſance parfaite que les ſommes que ledit Sieur ſon Frere a délivrées pour faire honneur aux engagemens qu'avoit contractés ledit Sieur de Bourgongne leur Pere commun, excédent de beaucoup le prix de ſon acquiſition. Qu'il n'a ceſſé de faire du bien aux Hennequin; *& que la ménace qu'ils lui ont faite de lui faire un procès* (e) *au ſujet de la ſucceſſion dudit feu M. de Bourgongne,* n'eſt pas ſeulement une injuſtice criante, mais encore l'ingratitude la plus noire. De tout quoi ladite Dlle. Comparante a requis le préſent Acte *pour ſervir & valoir à M. de Bourgongne ſon frere ce qu'au cas appartiendra.* Car ainſi promettant, &c. obligeant, &c. ſoumettant, &c. renonçant, &c.

Déclarant en outre que la part qui lui eut arrivé dans les Biens de la donation dont il s'agit, ſi elle eut eû lieu, étoit de MILLE LIVRES pour les meubles, & de CINQ MILLE LIVRES pour les Immeubles, au plus.

(c) Il eſt bon de recourir aux obſervations que j'ai fait ſur ces objets, pag. 10 & 11 du Mémoire ci-joint, ainſi qu'aux pag. 13, 22 & 29.

(d) *Vid.* auſſi ce que j'ai dit à cet égard, ainſi que pour démontrer les ſuppoſitions inſérées dans ce qui ſuit, il faut recourir aux pag. 70 & 74 du Mémoire ci-joint.

(e) N°. La ſommation faite à Me. de Bourgongne, au ſujet de la ſucceſſion de ſon Pére, eſt du 11 Septembre 1784, quatorze jours avant la rédaction de l'Acte ci-deſſus, qui n'a été fabriqué par Me. de Bourgongne fils, que pour parer aux ſuites de cette ſommation.

Fait & paſſé *audit Hôtel de M. de Bourgongne à Nancy*, les an & jour avant dits, en préſence *de Mes. Mathieu Baliguet, & Joſeph-Denis Barlet, Prêtres*, (*f*) demeurans en cette Ville, tous deux témoins connus & requis, *qui n'ont deſemparés , & qui* ont ſigné ſur la minute des préſentes avec leſdits Notaires, *qui ayant interpellé ladite Dlle. Comparante de ſigner aux préſentes, a fait réponſe que depuis nombre d'années elle eſt attaquée d'une maladie qui lui a ôté l'uſage d'écrire.* (*g*) De quoi elle a requis Acte, & lecture du contenu ez préſentes lui ayant été donnée, elle a déclaré être telle ſon intention, & que ſeſdites déclarations ſont dans la plus grande exactitude & ſincérité. *Signé à la minute*, Baliguet, Prêtre, Barlet, Prêtre, Ragot & Jeandel, Notaires. Contrôlé à Nancy ce 1ᵉʳ. Octobre 1784. R. vingt-une livres ſept ſous ſix deniers. *Signé*, Legros.

Collationné par le Notaire ſouſſigné, dépoſitaire de la minute, *à la requête de Me. Hennequin. Signé*, Jeandel. Expédition & papier, vingt-quatre ſous de France, *Payés par Me. Hennequin l'aîné, Avocat.*

(*f*) *N*ᵃ. Ce ſont deux Ex-Jéſuites amis de Me. de Bourgongne ; Me. Jeandel, l'un des Notaires, eſt ſon locataire, & conſéquemment ſon débiteur.

(*g*) *N*ᵃ. Cette Demoiſelle étoit alors très-mal , ayant été adminiſtrée. Elle étoit *in extremis. Vid.* la pag. 83 du Mémoire ci-joint.

Vû. Permis d'imprimer. Nancy ce 17 Février 1787.
Signé, ROLLAND DE MALLELOY.

A NANCY,

Chez la Veuve CHARLOT, Imprimeur du PARLEMENT, &c. rue de la Poiſſonnerie.